幕末志士の手紙

木村幸比古

教育評論社

はじめに

手紙は時空を超えた肉声である。手紙を書いた人物の高邁《こうまい》な志や思案の末の言霊は、人生や時代の方向性を変えることもあった。師と仰ぐ人に筆をとる場合は、丁寧に言葉を選ぶのは当然ながら死生観をも訴えた。同志には、自由気ままに思いを伝え、洒脱な表現で志を伝えた。家族や妻子宛では、優しさに加え愛の絆を感じる。

数ある手紙の中でも龍馬の内容は、実に楽しい。漢字、ひらがな、カタカナ、挿絵入り、方言と冗談交じりで、悲憤慷慨《ひふんこうがい》し心境を吐露した。姉乙女は龍馬の手紙を大切に保管し、よくもこれだけ残せたと感心する。本来、手紙は五分の一しか残らないというから龍馬の場合は特別として、かなり筆まめだったことがうかがえる。

西郷隆盛は性格そのもので、生真面目で、用件以外の私的なことはあまり書きたがらない。龍馬や高杉晋作から西郷宛の手紙はあったはずだが、一通も伝わっていない。政治的なことに触れた重要な内容のものは、読めば破棄したのだろう。西郷は二回の流罪で用心深くなり、周りに累が及ぶのを恐れたと思われる。

大久保利通の手紙は西郷や岩倉具視《いわくらともみ》宛が多く、内容は理路整然とし、まさに日本を代表する政治家といったところである。日本の近代化の夢を描いていたことが伝わってくる。

吉田松陰の獄中からの手紙は行間がぎっしりとつまっている。筆硯が自由にままならない環境で、悲痛な叫びともとれ、手にとるとほとばしる情熱が伝わってくる。

高杉は松陰を深く尊敬し、松陰の弟子である自負心を抱いていた。高杉の家族は松陰の教育は人の心を惑わすと、学問を受けることに疑念を抱き、過激な行動に走らないかと心配であった。高杉は妻雅子には武士の妻の心得を諭し、自らは三味線をつまびき都々逸を唄う風流人であった。

久坂玄瑞《くさかげんずい》は妻文《ふみ》宛では、仮名交じりで読みやすい文章で愛をつのらせた。文は久坂の自刃後、涙袖帖《るいしゅうちょう》をつくり久坂の二十一通の手紙をまとめて保管した。

楫取素彦《かとりもとひこ》は達筆で誤字脱字がない。小田村素太郎《おだむらもとたろう》時代の手紙をみても教養の高さがうかがえる。木戸孝允《きどたかよし》（桂小五郎）宛の薩長同盟前夜の正論を説く様子は、時代を先取りしたものであった。

山県有朋《やまがたありとも》は長州の奇兵隊出身だけあって、軍人として西南戦争の戦地から政府軍大山少将へ弾薬七百万発を消費したと伝え、その後、戦闘で川路利良《かわじとしよし》の警視抜刀隊《ばっとうたい》を投入し勝利に導いた。

鬼も震え上がる新選組局長の近藤勇《こんどういさみ》は、京都の激務の中での手紙が多い。郷里の支援者名主へ回覧状にするため言葉一つにも気づかった。

土方歳三《ひじかたとしぞう》はナルシストで、花街の女性との恋自慢は、実に彼らしい。やはりモテモテぶりである。

元越前藩主の松平春嶽《まつだいらしゅんがく》は、国許の藩主松平茂昭《もちあき》宛の手紙で、龍馬暗殺を〝芋藩〟薩摩の陰謀と風聞から信じ、その後の動向に注目していたことがうかがい知れる。

会津藩主松平容保《まつだいらかたもり》は徳川家への忠誠心が強く朴訥で、京都守護職就任を再三固辞したが、手紙でもわかるように松平春嶽の説得で、火中の栗を拾うこととなった。

豪商三井高福《みついたかよし》は、商道の精神をつくりあげ、三井総本家の財産は三井同族の共有財産とするなど、三井財閥の基礎を固めた。

本書は新史料の手紙を含め、先学の研究者の書籍から学識を引用させて頂いた。それぞれの想いの紙碑として読んでいただければ幸甚です。

装幀＝クリエイティブ・コンセプト（根本眞一）

幕末志士の手紙◎目次

はじめに……3

吉田松陰（長州藩士）……17

1 斎藤弥九郎は善く洋外の事を談ず◇山県半蔵宛／嘉永五年（一八五二）八月四日……18

2 久坂玄瑞東遊に付き◇森田節斎宛／安政五年（一八五八）二月十九日……24

高杉晋作（長州藩士）……28

3 先生側に罷り出◇吉田松陰宛／安政五年（一八五八）四月十日……29

4 武士の妻は町人や百姓の妻とは違う◇妻雅子宛／文久四年（一八六四）二月十八日……33

久坂玄瑞（長州藩士）……40

5 保福寺墓参り◇妻文子宛／安政五年（一八五八）月日不明……42

6 明日村塾会談の上◇岡部富太郎宛／安政七年（一八六〇）正月二十九日……45

伊藤博文（長州藩士）……48
7 昼夜読書仕り◇河野友三郎宛／安政五年（一八五八）正月二十一日……49
高野長英（蘭学者）……52
8 しぬるというような、なんぎのわけ◇千越宛／天保元年（一八三〇）十一月五日……53
藤田東湖（水戸藩士）……57
9 この度浪華異船入津◇青山延光宛／嘉永七年（一八五四）十月十九日……58
坂本龍馬（土佐藩郷士）……62
10 日本第一の人物◇姉乙女宛／文久三年（一八六三）三月二十日……64
11 日本を今一度せんたくいたし申し候◇姉乙女宛／文久三年（一八六三）六月二十九日……67
真木和泉守（水天宮神官）……72
12 長州御父子様に御めにかゝり◇母宛／文久三年（一八六三）九月十四日……74

中岡慎太郎（土佐藩郷士）……78
13 先ず攘夷を大本とし◇中岡小伝次、同源平宛／元治元年（一八六四）七月十八日……80
14 山いもの汚名◇三好慎蔵宛／慶応二年（一八六六）四月十七日……86
山本覚馬（会津藩士）……89
15 会津藩の禁門の変論功行賞◇会津藩から山本覚馬宛／元治元年（一八六四）月日不明……91
梅田雲浜（小浜藩士）……94
16 老女村岡と申す婆これ有り◇伊地知正治・西郷隆盛宛／安政五年（一八五八）二月二十九日ヵ……96
木戸孝允（長州藩士）……100
17 神州の元気を◇来原良蔵宛／文久元年（一八六一）六月十一日……102
18 閣老より差し出し候◇久坂玄瑞宛／文久三年（一八六三）七月二十一日……107

山岡鉄舟（浪士取締役）……111
19 尽忠報国の志◇池田徳太郎宛／文久三年（一八六三）正月……112
壬生浪士組幹部（野口健司・永倉新八・沖田総司・土方歳三）……115
20 金子借用◇平野屋五兵衛宛／文久三年（一八六三）四月……117
土方歳三（新選組副長）……123
21 御所非常◇佐藤彦五郎宛／元治元年（一八六四）四月十二日……124
22 北野にては君菊◇小島鹿之助宛／文久三年（一八六三）十一月……127
沖田総司（新選組一番隊組長）……130
23 山南兄去月廿六日死去◇佐藤彦五郎宛／慶応元年（一八六五）三月二十一日……131
24 宮川新吉公は我が同組にて◇宮川音五郎宛／慶応元年（一八六五）七月四日……135

近藤勇（新選組局長）……138
25 鉄鎖着込み◇小島鹿之助宛／文久元年（一八六一）六月頃……139
26 相撲取り弐、三拾人裸体◇小島鹿之助宛／文久三年（一八六三）七月十八日……142
松平容保（会津藩主）……146
27 京地の様子申し上げさせたく◇松平春嶽宛／文久二年（一八六二）十一月二十六日……147
乃美織江（長州藩士）……151
28 不意に斬殺◇一橋慶喜宛／元治元年（一八六四）六月九日……152
大村益次郎（長州藩士）……156
29 静寛院宮御荷物◇西四辻少将宛／明治二年（一八六九）正月十三日……158

中山忠光（公家）……160
30 夷船襲来◇大庭伝七宛／元治元年（一八六四）八月六日……161
大久保利通（薩摩藩士）……165
31 形行御噺申し上げ候◇西郷隆盛宛／慶応三年（一八六七）十二月二日……167
安富才介（新選組隊士）……172
32 箱館瓦解◇土方隼人宛／明治二年（一八六九）五月十二日……173
松平春嶽（元越前藩主・第十六代）……178
33 才谷梅太郎外一人殺害◇松平茂昭宛／慶応三年（一八六七）十一月十六日……180

西郷隆盛（薩摩藩士）……184
34 首謀者処分◇西郷頼母宛／明治四年（一八七一）二月三日……186
35 桐野氏も相見え◇別府晋介宛／明治十年（一八七七）五月十四日……188
山県有朋（長州藩士）……191
36 弾薬を日々費やす◇野津鎮雄、大山巌宛／明治十年（一八七七）三月二十一日……192
37 新撰旅団は当分高鍋に止め置き◇三好重臣宛／明治十年（一八七七）八月二日……195
楫取素彦（長州藩士）……198
38 坂本氏直話御聞取りに◇木戸孝允宛／慶応元年（一八六五）十月五日……199
39 館林表昨今の事情に付き◇岡谷繁実宛／明治十年（一八七七）三月二十七日ヵ……203
三井高福（三井家当主）……207
40 月並寄会の節、伺書差し出し候よし◇三井高朗宛／明治十八年（一八八五）八月十二日……208

【凡例】

・手紙文は読みやすさの観点から、書き下し文とし、適宜、振り仮名を振り、新字に改めるなどしている。

・言葉の後のカッコは、現在の地名や言葉の説明などを補足している。

・名前の読みはいくつかある場合がある。

吉田松陰《よしだしょういん》

長州藩士（一八三〇～一八五九）

父は長州藩士の杉百合之助常道、母は滝で、その次男として萩の松本村に生まれる。通称は寅次郎、変名は松野他三郎、瓜中万二《うりなかまんじ》、雅号は松陰、二十一回猛士。五歳のとき吉田大助の仮養子にむかえられ、家業の山鹿流兵学師範の家を継いだ。叔父の玉木文之進《たまきぶんのしん》に学問を、山田亦介《またすけ》に長沼流兵学を学んだ。十一歳のとき藩主毛利敬親《たかちか》（慶親《よしちか》）の御前で武教全書を進講した。

西洋兵学者佐久間象山《さくましょうざん》（一八一一～一八六四）の勧めで外国への密航を企て、長崎のロシア軍艦に乗り込もうとしたが、すでに出航したあとだった。さらにペリー再来のアメリカ艦船で密航を企てるが、拒否され失敗、出頭し投獄された。萩に送り帰され「野山獄《のやまごく》」（士分が入る上牢）に入れられた。のち玉木文之進が創設した松下村塾で門人を集め講義をした。

無名の者が行動を起こす草莽崛起論《そうもうくっき》をもって実践を提唱した。安政の大獄（幕府がおこなった尊皇攘夷派に対する弾圧）により江戸で刑死した。行年三十歳。

初めに紹介する手紙は嘉永五年（一八五二）の手紙である。

松陰は、嘉永三年、九州遊歴し同志と親交をもち、海岸防備を視察した。翌四年、藩主に従い江戸遊学し、佐久間象山、安積艮斎《あさかごんさい》（朱子学者）、山鹿素水《やまがそすい》（兵学者）に就き西洋砲術や儒学を学び、剣術を藩士平岡弥三兵衛《やさびょうえ》門下に習った。この年の十二月、肥後藩士の宮部鼎蔵《みやべていぞう》らと江戸から東北遊歴にでるが、このとき過書手形（通行手形）の発行を待たず旅に出たため、脱藩の罪で士籍を剥奪された。

松陰の学問の基本は、まず地理学をもって歴史を学び、先人の英知に学ぶことで、正論をもって門人にもおこなえる学問を訴えた。この手紙も西洋の歴史に触れている。

1　斎藤弥九郎《やくろう》は善《よ》く洋外の事を談ず

吉田松陰から山県半蔵《やまがたはんぞう》宛／嘉永五年（一八五二）八月四日

◇手紙解説

江戸にいる山県半蔵（一八二九〜一九〇二）は長州藩士で、のちの宍戸璣《ししどたまき》。山鹿流の兵学者である玉木文之進に、松陰とともに学んだ。安政元年（一八五四）、幕臣村垣範正《むらがきのりまさ》に従い、蝦夷地や樺太、ロシア巡視をおこなった。

山鹿とは、松蔭の叔父にあたる山鹿流兵学師範吉田大助と、山鹿素水の説がある。豆国の変とは、六月二十四日に伊豆下田へロシア船が漂流民を護送してきた情報で、萩にいる松陰にもそうした情報が届いていたことを示す。当時は江戸の情報は一カ月余で萩にもたらされた。

松陰の知識はほとんど書物によるもので、蘭書の漢訳本を読み込んだ。イタリア人宣教師が記した「職方外紀」から西洋の地理や歴史、制度を知った。コロンブスがメガラニカという架空大陸を発見したとか、ポルトガルやスペインなど西洋のことは箕作省吾《みつくりしょうご》（江戸後期の地理学者）の地理書「坤輿図識《こんよずしき》」で知った。当時、多くの者はこれらのことに無関心で知識もなかった。

神道無念流の剣客、斎藤弥九郎（一七九八〜一八七一）は、西洋砲術家の高島秋帆《たかしましゅうはん》に学んだこともあり、西洋事情に詳しく議論できる人物であった。松陰は、江戸で弥九郎とその子新太郎（一八二八〜一八八八）と親交深く、嘉永四年（一八五一）十二月、東北遊歴に旅立つとき、新太郎の紹介状があったため水戸の永井政介に会うことができた。新太郎は翌年一度萩に行き江戸に戻る際、藩費剣術詮議にもれ、私費で江戸留学する木戸孝允（当時は桂小五郎、一〇〇頁）を従者として上京しているが、木戸を選んだことはおそらく松陰の口添えがあったのだろう。

松陰の知識は貪欲な読書量にあり、『野山獄読書記』によると、四年間で千四百六十冊を読破している。松陰は読書について、昼夜を惜しんで励まなければ、その効果はあげられないといった。知識のない者こそ物事にすべて反対したがる。このことに嫌悪感を抱き門下生に実学を求めた。

■手紙文

山鹿への贈物一事嘸《さ》ぞ御面倒、文章の初まりたは目出たし、豆国の変、僕亦この略を聞く、而《しか》して未だ其の詳を得ず、其の詳を得るは貴牘《きとく》に接するに始まる。至喜至喜、但し僕の聞く所を以てするに、呂宋《ルソン》夷船に係る、而して貴牘は国名に及ばず、窃《ひそ》かになにをか疑う。彼れ果して呂宋か、余頗《すこぶ》る慮《おもんぱか》る所有る也、呂宋は伊斯巴尼亜《イスパニア》の所属に係《かか》り、伊は古の強国、能《よ》く葡萄牙《ポルトガル》を駆使し、西は米利堅《メリケン》を闢《ひら》き、東は亜細亜《アジア》を略す、天文年間、葡夷数々《しばしば》我が邦《くに》及び明国を窺う。而して伊夷更《さら》に跳梁《ちょうりょう》し、其の後国勢衰尒《すいでつ》し、以て今日におよぶ。人皆以て復《また》東顧の念、無と為《な》すかな、天保甲辰、阿波の船頭、米利加のカルポニヤ地方に漂到す。該地方はイスパニヤ所属に係る。而《しか》るにイス人、乃《すなわ》ち直ちに我れに達せず、載《すなわ》ち呂宋に到る。更に他夷に託してこれを清に致し、清商乃《すなわ》ちこれを我に送る、余向《さき》に謂《おも》えらく、若《すなわ》ち其の夷、必ず親しくこれを我に致《いた》使《し》むかな、而して伊は即ち能《あた》わざる也、今日の事、更に昔の意料の外に出づる。悪《いず》くんぞ伊夷復《ふたた》び英雄話聖集 此の喩え其の人に非ず故ケシ（文字の大きさは原文に準ずる） 閣龍《コロンブス》・墨瓦蘭《マゼラン》 並びに伊人事職方外紀・神輿図誌（識）に見ゆ の如き者を生み、祖業を恢廓《かいかく》せんことを思うにあらざるを知らんや、是れ、僕が慮る所以《ゆえん》にして、兄の国名に及ばざるを疑う所也、 盲人の籬《まがき》のぞき、人に咲わりようが侭よ

抑々《そもそも》斎藤弥九郎は善く洋外の事を談ず、帰都の後は必ず珍話有り、若し聞くべき者有れば、其の余を分ちて幽囚の人に与えよ、

大二郎

半蔵さまへ

■訳文

山鹿への贈り物の件では、ご面倒をおかけします。手紙の始まりは喜ばしいことと存じます。

伊豆の変について、僕もだいたいは聞いておりますが、今までそのくわしいことを知りませんでした。貴殿の手紙で初めてくわしい情報に接し、大いに喜んでいます。ただ私の聞くところによりますと、これはルソン（島）の船にかかわることです。貴殿の手紙には国名が書かれていないので疑問をもっています。彼等ははたしてルソンの船か。私はいろいろと考えをめぐらしています。

ルソンはイスパニア領（スペイン）です。イスパニアは古くは強い国家で、ポルトガルを思いのまま使いこなし、西は（コロンブスが）アメリカを開き、東はアジアまで制覇しています。天文年間（一五三二～一五五五）、ポルトガルはしばしばわが国や明国を密かに狙っていました。そしてイスパニアは好き放題に振る舞い、その後、国勢が衰えて今日にいたっています。人は皆、また東方の国をかえりみることはないと思っているでしょうか。

天保十五年（一八四四）に阿波徳島の船頭がアメリカのカリフォルニアに漂着しま

した。この地方はイスパニア領です。それなのにイスパニア人は、直ちにわれわれに遭難を知らせず、船頭を船に乗せてルソンへ行き、さらに別の国の人に頼んで船頭を清国に送り、清国の商人が船頭を日本に護送しました。

私がこの先おもうことは、これを機にその外国人は必ず日本に親交を求めてくるでしょう。しかしイスパニアはすぐにはできないでしょう。こんにちの出来事は、昔の思いもよらないことからはじまっています。イスパニアはふたたび、コロンブスやマゼラン、ならびに職方外紀・坤輿図識に掲載されるような人物を輩出し、祖業を拡大することを望むでしょう。これが私が大いに考えをめぐらしている理由で、貴兄が国名を書いていないことを疑問におもうところです。盲人のまがきのぞきと人に笑われても私はまったく気にしません。

そもそも斎藤弥九郎は、よく外国のことを話します。帰都のあとは必ず珍しい話があります。もし聞いた者があれば、幽囚の私に聞かせて下さい。

大二郎（松陰）

半蔵さまへ

2　久坂玄瑞東遊に付き

吉田松陰から森田節斎《せっさい》宛／安政五年（一八五八）二月十九日

次の手紙は、師に久坂玄瑞を褒め称え、また黒船来航によって社会事情が変わり憤慨しているもの。

◇手紙解説

嘉永六年（一八五三）のペリー率いる黒船の来航、翌年には、ロシアのプチャーチンが巨大な軍艦で大坂に来航したことは、松陰にとって想定外の出来事であった。のち幕府もこの事件を重視し、大坂から神戸の海防に取り組むこととなった。

黒船やロシア艦の来航など日本中を震撼させる事件がおこったとき、松陰の師である森田節斎（一八一一～一八六八）は、備後国（広島）藤江村に住んでいた。節斎は大和（奈良）生まれの儒者で、京都で塾を開き尊攘論を唱え松陰らを指導した。松陰は右腕だった玄瑞を褒めちぎって節斎に紹介し、自分の文章を三編と玄瑞の文章の一編を送った。月性《げっしょう》は藩内ではめずらしい知識人で、周防国《すおうのくに》（山口）大島郡遠崎村の妙円寺の住職で、海防護国の精神から海防僧と呼ばれ、松陰と気脈を通じていた。江幡《えばた》は那珂梧楼《なかごろう》（通高、一八二八〜一八七九）といい、盛岡藩士でのち脱藩し京都で節斎に学んだ儒者。

松陰の手紙にある「僕」とか「君」という言葉は松陰が村塾でよく使い、門下生にもはやらせたという。

■手紙文
癸丑《みずのとうし》・甲寅《きのえとら》已来《いらい》時事一変、消息遼濶《りょうかつ》、扨《さて》先生備中御卜居《ぼっきょ》のよし、藩僧月性昨年帰国初めてその詳を得申し候、先ずは筆研御清適《せいてき》と遥想拝賀奉り候、この度友人久坂玄瑞東遊に付き、一書附呉れ候様申す事に付き、かくの如く申し上げ候、この生、同社中の奇才子、僕大知己にござ候、小生近況色々申し上げたく候えども、総てこの生、口頭に附候近文三篇録上げ仕り候、幽囚中なすべく者なく、已《や》むを得ず此の途《みち》に出でござ候、御愍笑《びんしょう》下さるべく候、玄瑞に送る叙も作り申し候処、相替らず蕪陋《ぶろう》、半《はん》宵《しょう》間に出来候文字、愧《は》づべくの至りにござ候、月性在京中、雨江・江城《こうじょう》二子ともに貴書写し贈り仕り呉れ候、その後御文況如何にござ候哉、江幡生は絶えず消息承り候、

この行玄瑞生も江幡を訪ね候積りにござ候、万々書中竭《つくせ》ず候、時下御自重道のためこれを祈る、

二月十九日　　　　吉田寅次郎再拝

森田節斎先生

案右

墨夷消息日益《ま》しに甚だしきかな、天下の時勢、乃《すなわ》ちここに至る、浩嘆《こうたん》々々

■訳文

癸丑・甲寅年（嘉永六年の黒船来航、翌年のロシアの軍艦来航の事件）以来、社会事情が大きく変わりました。消息遼闊（意味不詳）。さて、（森田節斎）先生は備中（岡山）にお住まいとのこと、（長州）藩僧侶の月性が昨年に帰藩しましてはじめてその内容をくわしく知ることができました。まずは先生のご無事と健康を遠くより謹んでお慶び申し上げます。

このたび友人の久坂玄瑞という者が江戸遊学に行くので、一通託してくれといいますので、このように認めます。久坂は塾生の中でも特に優れた人物です。僕のよき理

解者です。

私は近頃のことをいろいろ申し上げたいのですが、すべてはこの者に口頭で伝え託します。近作の文、三編をまとめました。なにしろ幽囚の身の上なのでやむを得ずこの手段に出ました。憐れんでお笑い下さい。『玄瑞に送る叙』を作ったところ、あいかわらず粗雑で、半宵の間にできた文章で、恥ずかしい限りです。

月性は在京中、雨江（漢詩人、藤井竹外《ふじいちくがい》）、江城（儒者、江木鰐水《えぎがくすい》）二子ともに貴書を書き写して贈ってくれました。その後、文筆の様子はどのようなものでしょう。江幡五郎からよく手紙をもらいます。この東行のときに玄瑞も江幡のところへ訪ねるつもりだそうです。万々、書面では書き尽せません。この節、御自重され、道のためにこれをお祈りします。

二月十九日　　吉田寅次郎再拝

森田節斎先生

案右

アメリカの消息、日増しにはなはだしい。天下の時勢ここに至る。嘆かわしい、嘆かわしい。

高杉晋作《たかすぎしんさく》

長州藩士（一八三九～一八六七）

長州藩士、高杉小忠太《こちゅうた》の長男として生まれる。変名は谷梅之助、谷潜蔵《せんぞう》、雅号は東行《とうぎょう》。長州の藩校明倫館に学び、十九歳で松下村塾に入り、ライバルの久坂玄瑞と共に双璧とよばれた。江戸遊学で昌平黌《しょうへいこう》に入り、のち明倫館の都講に進んだ。世子《せいし》（跡継ぎ）毛利元徳《もとのり》（定広）の小姓役となり、藩政に関与するようになった。藩命で上海に渡り、世界を認識した。帰国して尊攘運動に奔走した。四カ国連合艦隊（英・仏・米・蘭）による下関砲撃事件の際には講和条約の正使となった。長州藩の奇兵隊を結成し諸隊を率い藩論を統一した。肺結核で病没。行年二十九歳。

初めに紹介するのは松陰宛の手紙である。高杉晋作は松下村塾の門人の中でもまわりから一目おかれていた。そんなこともあり松陰は晋作を「識見気魄《しきけんきはく》他人及ぶなく、人の駕馭《がぎょ》を受けざる高等の人物なり」、また「予（松陰）、事を議する毎に多く暢夫《ちょうふ》（晋作）を引て之を断ず」とし、この頃の晋作は剣術ばかりに熱中していたが、識見、気魄は誰にも劣らないといい、将来において大事をなす大人物になることまちがいない、と評した。松陰は物事を決めるにあたっては、よく晋作の意見を引用し、門人に話したほどであった。これに対し、晋作の父は松陰に洗脳されているのではないかと、心配でならなかった。

3 先生側に罷《まか》り出《で》

高杉晋作から吉田松陰宛／安政五年（一八五八）四月十日

◇手紙解説

高杉晋作が萩の自宅から、松本村の吉田松陰に宛てた手紙。

嘉永七年（一八五四）一月、ペリーは再来した。日本の役人は期限を設けないと「しばらく、しばらく」と返答を先送りにするとペリーは知っていた。高圧的な外交で三月には日米和親条約調印に成功し、下田、箱館開港を約束させた。

松陰はペリー再来の折、下田に向かいアメリカへ密航を企て、それを「下田踏海」と位置づけた。松陰の師である佐久間象山から、かって世界をつぶさに見よとの檄文をもっての行動だったが失敗におわった。松陰は疱瘡の影響で顔があばたで、アメリカ船員がコレラを患っているかもしれないとおもったという。密航は国禁を犯す行為である。松陰は萩の野山獄から出獄し、自宅に幽閉中に、松下村塾で講義をしていた。晋作がこの塾に出入りすることを、親戚は猛反対していた。晋作は藩校明倫館に通う剣術好きの秀才だったが、松陰から講義を受けるうち、師と仰ぎ、強烈な思想に傾倒していった。

松陰へ手紙を書いているとき、保守派の俗論党の椋梨藤太《むくなしとうた》が訪ねてきた。京都での一件とあるが、日米修好通商条約で幕府が攘夷論を抑えるため天皇の勅許打診をめぐり、安政五年（一八五八）三月、八十八名の公卿が勅許反対の抗議行動をした廷臣《ていしん》八十八卿列参《きょうれっさん》事件を指す。これに触れ、「楠木正成や赤穂浪士四十七士のようなもの」と評し日本の真の姿を描いていた。

文末に、松下村塾の同志である久坂が江戸遊学先から松陰先生に送った手紙をぜひ見せてほしいと懇願している。多感な晋作を物語る手紙である。

■手紙文

貴翰《きかん》有り難く拝誦奉り候、扨《さて》は今日先生書状差上げ候後、椋梨藤太来り、京都一件詳しく申し候処、私儀親類中来り申さず候わば、直様《すぐさま》先生側に罷り出候と相考え候、親類中も顔色を察し、大きに何やの噂仕り候て私の様子相計り候故、私も又思い更《か》え、容《かたち》を改め只今迄独座居り候、実に　天朝の御盛大悦々々に候、此《この》九十人は、豈《あに》楠公哉、四十七人の及ぶ所なら（ん）や、誠に振臂憤激致し候、是れこの時日本の日本たらんと欲する日なり、先生態《わざ》と英謀を運び、我亦《また》愚眼を開き出す一策に候、早々御答えのみ、此の如くござ候、再拝

十日

二白、玄瑞の書状参り候の由《よし》大悦に候、玄瑞の書明日なりとも御返し遣わすべく候様、希《こいねが》い奉り候由、再拝謹白

松陰先生

呈案下

親類へかくし書き候故、御弁の御案頼み奉り候、再拝

■訳文

いただいた書面をありがたく読ませていただきました。さて、今日は松陰先生に手紙を差し上げた後、椋梨藤太（長州藩士）が来まして、京都でおきました公卿らの一件をくわしく話していきました。

私は親戚の者が来ないようでしたら、すぐさま先生のそばに参上したいと考えました。親戚中の者も私の顔色を察して、大いに何やかや噂をして私の様子をうかがっています。そこで私も考え直して、姿勢を正して、今までひとり座っていました。

実に天朝の繁栄は大変よろこばしいことです。（攘夷のための）九十名は楠木（正成）公でしょうか、（赤穂浪士）四十七士の及ぶところでしょうか。うでを振りまわしまことに憤激しています。本来の真の日本の姿となるのを望んでいます。松陰先生が意図的に優れた策をめぐらしたのは、私がそれまで知らなかった事実や考え方に気づき、そこに新しい境地を見出させようとする一つの策です。はやばやお答えのみこの通りです。再拝

十日

追伸　久坂玄瑞の手紙がきたとのこと大変よろこんでいます。玄瑞の手紙あすにで

も送っていただけるよう切に願っております。再拝謹白

松陰先生へ

呈案下

親類に隠れて書いたものですから、言訳の案をお頼みします。再拝

---

4 武士の妻は町人や百姓の妻とは違う

高杉晋作から妻雅子宛／文久四年（一八六四）二月十八日

◇手紙解説

もう一通は、留守をする妻お雅に、武士の妻としての生き方を諭している。

安政六年（一八五九）十月、安政の大獄で松陰が江戸で刑死し、十一月二十七日、晋作は久坂玄瑞と松陰の霊をとむらい、松陰の志を受継ぐことの決意を新たにした。

万延元年（一八六〇）には、あとで詳しく述べるが、見合い結婚でお雅を娶《めと》った。八月に

は東北遊歴し九月には佐久間象山と会った。象山は松陰の弟子の中でも秀才と聞いていたので期待したが、剣客風で学問ができそうにも見えず、いささか失望したという。

文久二年（一八六二）五月、上海を視察に行くがアヘン戦争での敗戦国のみじめさをつぶさに見て落胆した。十二月には同志と品川御殿山のイギリス公使館を焼き討ちして攘夷決行した。翌三年馬関《ばかん》（下関）に赴き奇兵隊を結成し総督に就任した。翌四年には脱藩して京都へ走った。

その後、晋作は国事に東奔西走して京阪にいた。愛妻のお雅は山口奉行井上平右衛門の次女、今でいうマドンナ的存在の女性であった。

お雅に婿のくじを引かせたところ、それが晋作だった。晋作は身長一五五センチの小男、あばた顔で、まわりから苦笑されたという。松下村塾では久坂玄瑞と並び秀才であった。松陰は妹文《ふみ》の結婚相手を木戸孝允（桂小五郎）か晋作と考えていたが失敗し、まじめな玄瑞が娶ることになった。

晋作は粋な男で、暇さえあれば花街に上り杯を傾け得意の三味線で都々逸を唄う。祇園では「夜明けの鐘ゴーンとなる頃　三日月形の櫛が落てる四畳半」と馴染みの芸妓小理加《こりか》とは日々遊興にふけっていた。留守宅をお雅に任せきりで、両親の面倒までみてほしいと懇願した。武士の妻は町人らとは違い、曽我物語、いろは文庫を送り教養を身に着けよと説教までしているにしては、後ろめたさがあるのか、ひらがなを使い丁重な心づかいをみせ、晋作の違った一面を垣間みることができる手紙である。

文久三年（一八六三）三月十六日、十年間の暇乞いを願い出て、晋作は武士の誇りの髷を切り落とし、攘夷の志士の決意をあらわした。晋作二十五歳であった。そして、「西へ行く人を慕うて東行く　我が心をば神や知るらむ」と詠んだ。僧西行にならい自ら討幕のために東へ行くというのである。文末の東一の名だが、同三年十二月から使い、お雅との間に出来た子に東一と名づけている。

お雅は愛人おうのにやきもちをやき、人から晋作のことを聞かれると「晋作と一緒に居たのは、ほんのわずかで外にばかりいましたゆえ、お話しする記憶がありません」と見放していたという。

■手紙文

一筆申し進め候、先中、御父母さま御揃い御無事にいらせられめでたく存じまいらせ候、そもじどのにもご無事にござあるべく候、めでたく存じまいらせ候、我れら事もこの節は京都へまかり越し候間、決して御気遣い下さるまじく候、出足の節は急場の事故、手紙も残さず候段、我ながらあやまり申し候、御免し下さるべく候、いずれも遠からぬ内にまかり帰り候につき、その節委曲《いきょく》申し聞かすべく候、

○吉富へ預け候切手事を、井上おととさまへ御頼み下されたく候、また内々のこしおき候切手は御守り袋の中にござ候間、御請け取り下され、それを井上おととさまへ御頼み下さるべく候、井上へも、萩の高杉へもこの度、無音《ぶいん》仕り候間、その段仰せ越されし候よう頼みまいらせ候、山口方にてよろしく候わば当分は源之丞は不用故、御帰りなさるべく候、馬は井上へ御預けなさるべく候、萩高杉御両人様を大せつに致され候か、我れらを大せつに致され候も同様に候間、さよう心がけ専要に存じまいらせ候、我れら事も色々御気遣いもこれあるべく候えども、武士という者はこのくらいの事は常にござ候間、腹を強う思い、留守をたしかに致され候よう、万々頼みまいらせ候、京大坂へ便りござ候わば、文も御送り下さるべく候、この方より追々書状差し送るべく候、近日の中大坂へ帰り候故、さ候わば曽我物語、いろは文庫など送り候間、それを御読みなされ、心をみがく事専一にござ候。武士の妻は町人や百姓の妻とは違うと

いうところ忘れぬ事、専要にござ候、色々申し遣わしたくござ候えども、先ずはあらあらかくの如く申し縮め候、めて度くかしこ

二月十八日

なおなお萩御両親さま御大切に御使(仕)え候事、専要にござ候、そもじにも短気をおこさず、まめに留守番致さるべく候、今月か来月の中にはまかり帰り候につき、さよう御心得下さるべく候、そのため　かしこ

(表書)

寿

於政どの　　東一より

無事

■訳文

手紙をさしあげます。まずは、ご両親さまおそろいでお元気とのこと、おめでたいことです。あなたもお元気のようで何よりです。私は、今は京都へ来ておりますので、

けっしてご心配なさらないで下さい。出発するときは、急場のことだったため手紙も残さず、我ながらすまないと思っております。お許しください。いずれ近いうちに帰りますので、その折にくわしくお話します。

○吉富へ預けている切手のことは井上のお父さま（妻の父、平右衛門）へお預けください。また、内々に残してある切手はお守り袋の中へ入れてありますので受け取り、それを井上のお父さんへお頼みください。井上家や萩の高杉（晋作の実家）へもこのたび連絡しておりません。このことあなたからよろしくお伝え下さい。頼みます。山口がよろしいようであれば、当分、源之丞へはこれといった用件はありませんので、帰るでしょう。馬は井上へお預けください。

萩の私の両親を大切にしてくれていますか。私を大切にするのと同様にするよう心がけることがもっとも大切と存じます。私のこともいろいろ気をつかっているでしょうが、武士の世界ではこのくらいは常にあることです。いかなる事にもたじろがないよう腹を据えて、留守の家をしっかり守るよう頼みます。

京都、大坂へ知らせがあれば手紙を送って下さい。私の方からも追々手紙を送ります。近いうちに大坂へ帰りますから、そのときに曽我物語、いろは文庫などをこちらからお届けしますので、読んでください。心を磨くことは大変重要なことです。武士の妻は、町人、百姓の妻とは違うということを忘れないことが大切です。いろいろ申すことはありますが、まずは申し上げた通りです。

二月十八日

なお萩の私の両親を大切にすることは極めて大事なことです。あなたもけっして短気をおこさないで一生懸命に留守番をお願いします。今月かまたは来月中には萩に帰る予定ですのでそのように心得ておいて下さい。そのために申し上げます。

（表書）

寿

東一より

於政（雅）どの

無事

久《く》坂《さか》玄《げん》瑞《ずい》

長州藩士（一八四〇～一八六四）

父は藩医久坂良廸《りょうてき》、母は富子で、その三男に生まれる。幼名は秀三郎、誠、義助《よしすけ》。変名は松野三平、雅号は秋湖《しゅうこ》、江月斎《こうげつさい》と称した。

嘉永六年（一八五三）十四歳のとき母、翌年には兄、父と立て続けに死別し不幸のどん底を味わった。家督を相続するも志をもって松陰の門人となり、高杉晋作とはよきライバルとなった。学問好きで藩校明倫館、医学専門の好学堂、洋学専門の博習堂にも学び、秀才の誉れ高く、十七歳のとき九州遊歴をしてさらに見聞をひろげた。江戸藩邸では洋書の輪読会をおこなうなど学問に没頭した。

しかし、井伊大老（直弼《なおすけ》、一八一五～一八六〇）の日米修好通商条約の調印を機に、安政の大獄で優秀な人材が多く犠牲になったことに悲憤慷慨《ひふんこうがい》し、討幕運動に挺身し各藩の志士らと友好を深めた。

文久二年（一八六二）脱藩、上京し尊王攘夷を唱え、横浜の外国商館襲撃を企て、品川の英国公使館焼き討ち事件をおこした。公卿三条実美《さんじょうさねとみ》らと攘夷論を推進したが、翌三年に起こった「八月十八日の政変」（会津藩・薩摩藩らの公武合体派が、長州藩など尊皇攘夷派を京都から追放した事件）で三条らと長州勢は京都から一掃された。一時は京都に潜伏し勢力の挽回を図るが失敗した。三条実美・三条西季知《すえとも》・東久世通禧《ひがしくぜみちとみ》・壬生基修《みぶもとなが》・四条隆謌《しじょうたかうた》・錦小路頼徳《にしきのこうじよりのり》・澤宣嘉《さわのぶよし》ら七卿は長州へ都落ちした（七卿落ち）。

元治元年（一八六四）七月、久坂ら長州は率兵上京し、禁門《きんもん》にせまった。これが世にいう、禁門の変である。京都を追放されていた長州藩勢力が、会津藩主・京都守護職松平容保らの排除を目指して挙兵し、京都市中で市街戦を繰り広げた。大義は攘夷の決行、五卿（のち二人が亡くなる）の復権、毛利父子の冤罪をかかげていた。幕府兵と善戦するも鷹司《たかつかさ》邸内で同志寺島忠三郎と自刃した。行年二十五歳。

初めに紹介する手紙は、久坂が妻へ送ったかなの手紙である。

5 保福寺墓参り

久坂玄瑞から妻文子宛／安政五年(一八五八)月日不明

◇手紙解説

玄瑞が江戸から郷里の萩に住む妻文子へ宛てた。季節的に一、二月頃かと思われる。奔走するとき急に故郷の妻のことが気がかりになり、久しく手紙を書き忘れていたこともあり、家族への心づかいが表れた文章で、妻が読みやすいようかなの手紙に認めている。

久坂家の菩提寺の保福寺は萩市大字北古萩町にあり、父と兄が葬られていた。妻に、忙しいようだったら、三カ月に一度でよいから墓参りを頼むと伝えている。久坂は、十四歳で母を喪い、その翌年に父兄と死別し天涯孤独の身となった。兄は玄機《げんき》といった。

松陰の門人になったきっかけは、目の治療で筑前《ちくぜん》(福岡)に行き、肥後(熊本)に立ち寄ったとき宮部鼎蔵《みやべていぞう》に会い、貴藩に吉田という仙人がいるのを知っているかと聞かされ、帰藩後に松陰に手紙を書いたのがはじまりで、幽閉中に議論をするうちに門人となった。松陰門下の渡辺蒿蔵《こうぞう》(天野清三郎《あまのせいざぶろう》、一八四三〜一九三九)に「高杉晋作は乱暴な振る舞いで人望少なく、それに比べれば久坂の方は人望多し」と評された。

安政四年（一八五七）十二月、玄瑞十八歳、松陰の妹文子十五歳と結婚した。

文末の飯田は飯田吉次郎《きちじろう》（俊徳《としのり》、一八四七〜一九二三）と思われる。松蔭の門人で奇兵隊に加わり、慶応三年（一八六七）、オランダに留学し帰国後は工部省にはいった人物であろう。

■手紙文

一ふでまいらせ候、寒さつよく候えども、いよ〳〵おん障《さわ》りのうおん(御)暮しめでたくぞんじまいらせ候、まい〳〵文まいる此よりは何かいそがしく打ち絶え申し候、みな〳〵様御無事遊ばし、めて度御事にござ候、どうぞ〳〵月に一度はむつかしく候えば、三月に一度は保福寺墓参りはおん頼み申し候、申すも疎か御用心専らに候、皆々様へ宜しく御伝え頼みまいらせ候、何も後便に申候、かしく

尚々、きもの此のうち飯田の使いまいる、慥《たしか》に受け取り申し候　玄瑞

お文どの
まいる

■訳文

一筆お手紙を差し上げます。寒さ厳しい折柄ですが、ますますお元気でお過ごしのこととお慶び申し上げます。手紙も、このごろは何かと忙しく絶えています。家族のみんなは元気で暮らしているようで何よりです。どうぞ月に一度は、大変なようでしたら三月に一度は、保福寺への墓参りをお願いします。いうまでもなくご用心もっぱらのことです。皆様にもよろしく伝えてください。いずれにしてもこの次のたよりにて申し上げます。

なお、着物は近頃、飯田の使いがもってきました。たしかに受け取りました。

（久坂）玄瑞

お文どの

まいる

6 明日村塾会談の上

久坂玄瑞から岡部富太郎宛／安政七年（一八六〇）正月二十九日

◇手紙解説

もう一通は松陰の弔祭についての手紙で、神道のため百カ日祭を久坂らの呼びかけでおこない、早くも墓碑の建立計画がもちあがった内容。

安政六年（一八五九）十一月十六日、高杉晋作は江戸から萩に戻り松陰の斬首を知った。二十七日、晋作は玄瑞と霊を弔った。年が明けて二月七日は、松陰の百カ日祭にあたり、杉家で弔祭をおこなった。萩の東、護国山団子巖《だんごいわ》の吉田家墓地に遺髪を埋葬することとなり、玄瑞が呼びかけて村塾生の晋作はじめ、来原良蔵《くるはらりょうぞう》（長州藩士）の甥の岡部富太郎や福原又四郎にも参加を求めた。これに賛同した門人たちが集まった。墓碑は二月十五日に完成し自然石に「松陰二十一回猛士」と刻んだ。これは松陰が好んだ号。「杉」の字を分解した「十」「八」「三」を足すと二十一になり、「吉田」の画数も同様に分解すると同数になる。二十一回、心を振るい起こし日本の改革に立ち上がるというもので、即、実行する人間づくりを実践していた。有言実行の人たれが信条だった。

百カ日の墓前祭には、玄瑞、晋作のほか、中谷正亮《なかたにしょうすけ》、久保清太郎、前原一誠、寺島忠三郎、品川弥二郎、松浦松洞《まつうらしょうどう》、時山直八《ときやまなおはち》、山田顕義《やまだあきよし》、玉木彦介ら多数が参列した。

岡部と福原は松陰の門人。岡部は、倒幕の拠点である長州を幕府が攻撃した第二次幕長戦争（長州征討、長州征伐など）に勇力隊司令（長州藩諸隊の一つ）、福原は干城隊《かんじょうたい》（同上）参謀として参戦した。

■手紙文
先師《せんし》百ヶ日、来月七日に相当り候に付き、早々同志中墳塋《ふんえい》築きたく、明日村塾会談の上、取り掛かる積りに候間、老兄御来塾相成らず候哉、練兵場《れんぺいじょう》にて少々手間取り候儀は苦しからず候、福原へも左様御伝え下されたく、併《しか》し強いて申し上げ候儀にはござなく候　不一
二十九日　久坂玄瑞
岡部富太郎様

■訳文

松陰先生百ヶ日祭が、来月七日に当りますので、早々に先生の碑を建立したく、あす同士らと松下村塾で相談のうえ、建設に取り掛かるつもりです。岡部さんにはぜひご来塾していただけないでしょうか。練兵場にて少々手間どり、遅れてもかまいません。福原又四郎へもこの件お伝えください。しかし無理にお伝えするにはおよびません。不一

（正月）二十九日　　久坂玄瑞

岡部富太郎様

伊《い》藤《とう》博《ひろ》文《ぶみ》

長州藩士（一八四一〜一九〇九）

長州藩の軽卒《けいそつ》、伊藤直右衛門の傭人林十蔵の長男として生まれる。のち伊藤家と養子縁組して伊藤姓を名乗った。幼名は利助、俊介、春輔、変名は越智斧太郎、花山春輔、吉村荘蔵、雅号は春畝《しゅんぽ》、滄浪閣《そうろうかく》主人と称した。藩命により浦賀警衛の出役となり、来原良蔵に抜擢され松陰門下になったという。向学心旺盛で長崎遊学し洋式操練を学んだ。木戸孝允に認められ攘夷運動に加わり、文久二年（一八六二）品川の英国公使館焼き討ちに加わった。長州の五傑（長州ファイブ）のひとりとして英国に留学し、井上馨《かおる》とロンドンニュースを読み、英語辞書を引きながら世界の情勢を知ったという。

四カ国連合艦隊が長州と開戦するかもしれないと知るや、急遽、井上と帰国した。敗戦した長州は外国との講和に入り高杉晋作、井上らと工作に尽力した。その後、坂本龍馬の斡旋で長崎グラバー商会から洋式銃の買い付けに井上と奔走し、薩長同盟のきっかけをつくった。明治政府では、岩倉使節団の副使となり米欧の視察をおこない、日本の近代化に貢献した。のちに伊藤博文と名乗り、内閣制度を確立し初代の内閣総理大臣となり、憲法起草さらに皇室典範、皇室の財産を確立させた。

中国・ハルビンで韓国活動家により暗殺された。行年六十九歳。

伊藤は努力と行動で人脈を使い、出世の糸口をつかんだ。

7 昼夜読書仕り

伊藤博文から河野友三郎宛／安政五年（一八五八）正月二十一日

◇手紙解説

嘉永六年（一八五三）、浦賀にペリーが黒船を率い浦賀にやってきた。幕府は相州（相模国）やその周辺六十九カ村の警備を各藩に命じた。長州藩は三浦半島の上宮田に陣営を張った。伊藤博文が利助と呼ばれていた十六歳のとき、同地警備役を務めた。このとき陣営に、来原良蔵が上司として着任し、利助の資質をみて、学問と乗馬を教え実力をつけた。利助は乗馬で尻に血がにじんだが我慢した。来原は利助に萩の吉田松陰への紹介状を書き、松下村塾へ通うようにすすめた。松下村塾では読書が盛んで昼夜に限らず、伝記ものや哲学、地理となんでも読んだ。利助は家が貧しく麦踏しながら読書を続けた。

この手紙でも同志の河野に読書をすすめている。利助はこの後、同志と英国留学し政治学、憲法、英語を学んだ。英語は堪能といわれ、明治四年（一八七二）の岩倉使節団の副使としていかされている。

まさに努力の人で、松陰の「学んだことはすぐ実践せよ」を座右の銘にしたような人物だった。

■手紙文

（略）はたまた御地御同役中御堅固御勤めなさるべく、これまた重畳《ちょうじょう》の御事に存じ奉り候。且《か》つまたここもと当時文学盛んにて、一人も読書致さず者これ無く、松本は至って盛んにて松下村塾と号する一塾相建て、昼夜読書仕り候。貴兄にも何とぞ読書お学びなされ候様と存じ奉り候。決して御疎かも御座なく候えども右の段肝要の御事に存じ奉り候。もはや御帰国今少々に相成り、さぞ御繁用と存じ奉り候。（略）

■訳文

（略）はたまた（相州陣屋での）お役目で、警備の激務をこなされこの上なく満足の事と思います。ここ（萩）では、このごろ文学が盛んで、一人も読書をしない者はいません。松本村ではとくに盛んで松下村塾という私塾ができ、昼夜読書しております。あなたにもぜひ読書をおすすめします。けっしておろそかにされてはいないでしょうが、右の件、非常に大切なことと思います。もうすぐ帰藩されることになり、さぞご多忙のことと思います。（略）

高《たか》野《の》長《ちょう》英《えい》

蘭学者（一八〇四～一八五〇）

父は後藤摠介実慶《そうすけさねのぶ》、母は高野氏の娘美代子で、その三男に生まれた。通称は悦三郎、卿斎《きょうさい》、雅号は瑞皐《ずいこう》、驚夢山人、幻夢山人と称した。伊達家の支藩水沢藩の医家に育った。江戸遊学し吉田長叔《ちょうしゅく》（蘭方医）に師事した。長崎鳴滝塾に入りシーボルトに蘭学と西洋医学を学びドクトルの称号を与えられた。シーボルト事件で嫌疑を受け熊本に逃亡した。その後、蘭学者の渡辺崋山《わたなべかざん》、小関三英《こせきさんえい》らと尚歯会で西洋研究をおこなった。

幕府の対外政策を記した『夢物語』を著したことが幕政批判と受け止められ、さらに天保十年（一八三九）、長英ら同志の蘭学者が世間を惑わし幕府を批判しているとした蛮社の獄（言論弾圧事件）で永牢の刑を受けた。脱獄して愛媛、宇和島、鹿児島に逃亡し、劇薬で顔を変え逃走中は洋書の翻訳をおこなった。嘉永三年（一八五〇）、江戸青山で幕吏に囲まれ自殺した。行年四十七歳。

手紙では、蘭学に没頭したいあまり、高野家の再興はかなわないという。しかし、つねに高野家を心配していたことがこの文面からひしひしと伝わってくる。当時は家を守るのは男子の本分であった。彼が幕吏に追われることとなり、高野家のことはかなわなかった。往く末を案じたのだろう、女性にもわかりやすいかな文字で内容を綴っている。

8 しぬるというような、なんぎのわけ

高野長英から千越《ちお》宛／天保元年（一八三〇）十一月五日

◇手紙解説

高野長英は、伊達藩（仙台藩）の支藩伊達将監《しょうげん》の家臣後藤家に生まれた。長英は母の兄の高野家で養子となり育てられ、家督を継ぐことになっていた。養父は杉田玄白《すぎたげんぱく》の門下生で玄斎といい、蘭方医であった。長崎遊学しシーボルトの鳴滝塾の優等生であった。蛮社の獄

で幕府から弾圧を受け自首したが脱獄し逃亡生活を送る。

宇和島藩では蘭学を教えた。この手紙は広島、尾道、大坂、江戸に向うときの京都からの手紙であった。宛先の千越は養家の娘で二歳下の許嫁《いいなずけ》でもあった。千越は藩主将監の夫人の女中として仕え、長英の帰りを待っていた。だが長英は幕府からの手配人であるから、自分のことは忘れ、ほかの者を探し結婚して高野家を再興してほしい、一度江戸に戻り説明するが許してほしい、と伝えている。高野家でも配偶者を探したがみつからなかったという。許嫁にわかるよう女性言葉とひらがなで気づかっている。

■手紙文
申し上げたき事はなかなか筆のさきにはつくしかね候、前沢より御きゝ下さるべく候、どうかいたしわたし帰り申さず、高野のうち相立ち候ようい のりまいらせ候、今さらわたし帰り候とても外にくふうも出来申さず、然し身のうえむかしのように候えば、あすにも帰り度くぞんじ候えども、今は帰るというは、しぬるというような、なんぎのわけ候えば、必ず〳〵ともにあしくおぼしめし下さるまじく、おっつけこれよりぜひに一度は下りまいらせ候て、御めもじはいたし、御申しわけは申すべく、只そのせつと御ゆるし下さるべく候、との様にもさぞかしにくきものとおぼしめしも候わんなれども、わたしがここにおるはかえって上への忠ぎの事もあるべきときも候わんとぞんじまいらせ候、何事もあら〱めで度申し上げまいらせ候、かしこ　長英

十一月五日夜

おち越《お》どのへ

■訳文

お伝えしたいことは山ほどありますが書ききれません。前沢より聞いて下さい。いろいろあって私は帰れませんので、高野の家が成り立っていけるよう祈っています。今さら私が帰っても、ほかに工夫ができません。しかし身上が昔のようであるならば明日にも帰りたいところですが、今は帰るということは死ぬことであるという難しい訳があり、必ず必ずともに悪くおもわれぬよう、そのうちこれより是非一度は（江戸へ）下りお目にかかり、言い訳を申しますが、その時はお許しください。

あなたには申しわけありません。（伊達の）殿様も私のことをさぞかし憎いものと

おもっておられるでしょうが、私がここに（京都）にいるのは、かえって上への忠義を尽くす機会を得ることもあるとおもってのことです。ざっと申し上げました。かしこ（高野）長英

（天保元年）十一月五日夜

お千越どのへ

藤田東湖《ふじたとうこ》

水戸藩士（一八〇六〜一八五五）

水戸藩士、彰考館総裁藤田幽谷《ふじたゆうこく》の次男として生まれる。幼名は虎之助、通称は誠之進、雅号を東湖と称した。

文武両道に秀でて家督二百石を継ぎ進物番《しんもつばん》となった。史館編修や史館編修総裁代役と進んだ。水戸藩主継嗣問題では徳川斉昭《とくがわなりあき》の擁立に尽力し、郡奉行に昇進すると財政の立て直しを断行し、藩政改革をおこなった。

江戸通事御用役のあと、側近三役の一つである側用人《そばようにん》に抜擢される。土地改正掛、藩校弘道館造営掛なども務め、藩主斉昭の信任をえた。一時、藩主斉昭が将軍継嗣問題や条約調印をめぐり罪をうけて謹慎になると、東湖も幽閉された。罪が解かれ、東湖と称した。ペリー来航で斉昭が幕政に参与するにあたり、東湖も海防掛の江戸詰となり藩主を補佐した。

斉昭の子の藩主慶篤《よしあつ》より手書を賜り、名を誠之進と改め、再び側用人となった。安政の大地震で圧死した。行年五十歳。

紹介する手紙は、畿内にロシア艦隊が入り込むという想定外の緊急事態が起こってしまい、京都の無防備状態を嘆いた。このことは朝廷でもかなりのショックとみえ、青蓮院宮《しょうれんいんのみや》などは兵学書を研究している、と正確な情報で危機感をつのらせている。

9 この度浪華《たびなにわ》異船入津

藤田東湖から青山延光《あおやまのぶみつ》宛／嘉永七年（一八五四）十月十九日

◇手紙解説

藤田東湖は水戸を代表する人物。ペリー来航で藩主徳川斉昭が幕府海防掛となると、東湖も江戸詰となり、西郷隆盛、横井小楠《よこいしょうなん》、佐久間象山らと親交をもった。宛先の青山延光は水戸藩儒者で藩校弘道館教授となった人物である。

手紙の内容は、東湖が楠正成《くすのきまさしげ》の遺品を贈ったが真贋のほどはわからないのであなた（青山）の鑑定眼で確かめてほしいというもの。

嘉永七年（一八五四）、日米和親条約が締結され、外国船が頻繁に来航するようになり、プチャーチンがロシア軍艦で大坂湾に入ってきた。孝明天皇はこのために七社七寺に加持祈祷させていた。東湖は、畿内の海防が無防備であると歎いていた。青蓮院宮は伏見宮邦家親《ふしみのみやくにいえ》王のことで中川宮といい、のち、安政の大獄などで幕府が衰退し、政局の安定を図るため京都の朝廷の権力を借りる公武合体を進めた人物で、志士からは奸物《かんぶつ》とみなされた。鵜飼吉左《うかいきちざ》衛門《えもん》は水戸藩士で京都留守居役、青蓮院宮から京都の情報を得た。

プチャーチンのロシア軍艦はその後、下田港に入港した。そこで幕府西丸留守居《にしのまるるすい》でロシア担当の応接掛筒井政憲《つついまさのり》と、幕府勘定奉行でロシア担当の応接掛川路聖謨《かわじとしあきら》が出向いた。その直後に伊豆半島を襲った大地震が起き、ロシア艦船は津波で大破。交渉は一時中断し、二月に再開した後、日露和親条約を締結した。

■手紙文

十四日貴書拝誦、愈《ますます》御安健賀し奉り候、御細書楠公の遺物にて、右は定めて今日か後日便には写しの巻物老兄へ御懸けに相成り候わん、僕も単に寓目《ぐうもく》は仕り候えども、何分疑団《ぎだん》解き難くござ候、たとえ偽物にても年来の事と相見え申し候は、大眼にて御謹定御存分に仰せ上げられ候様ござ候、この度浪華異船入津　京師の御手薄き事言語同（道）断、万一西諸侯窮に朝廷を擁し候人これ有り候えば実に容易ならず候、青蓮院宮等は余程の御鋭気にてこの節専ら兵書御講究のよし、鵜飼吉左衛門より申し来たり候、恐るべき、戒むべき事にござ候、発書前差し懸り　草々以上

十月十九日

外に異船二隻豆州沖に出没の届けあり、魯夷もいよいよ十四日に下田へ入津、筒井・川路昨日発途

誠之進

量太郎様

■訳文

十四日、あなたの書面を読みました。ますます御安健で何よりのことです。この細

書は楠正成の遺物で、確かに今日か後日の便において、写本の巻物をあなた様へお目にかけることができると思います。僕も単に目をとめましたが、（本物かどうか）疑念を取り除くことができません。たとえ偽物でも年数を経ているようにもみえ、あなたの眼識で存分にご判断頂きたいと思います。このたび浪華（大坂）へ外国船が入津しましたが、京都の防備が手薄なことは、とんでもないことです。万一、西国諸藩の大名らがきわまって、朝廷を抱きこむ者があらわれれば、実に容易ならぬことです。青蓮院宮などは余程の激しい意気込みで、この頃はもっぱら兵学書を熱心に研究しているそうです。鵜飼吉左衛門より申してきました。恐るべき、戒むべき事です。発書前に差し掛かり　草々以上

十月十九日

（藤田）誠之進

（青山）量太郎様

ほかに外国船二艘が伊豆に来航したとの報告があります。ロシア軍艦も十四日に下田に入津しました。筒井政憲と川路聖謨が昨日出発しました。

坂本龍馬《さかもとりょうま》

土佐藩郷士（一八三六〜一八六七）

土佐藩士坂本八平《はちへい》の次男として生まれる。変名は才谷梅太郎《さいたにうめたろう》と称した。幼少期に母と死別し、姉乙女が母親代わりになった。軟弱であったことから乙女は、城下の日根野弁治《ひねのべんじ》の剣術道場へ通わせ、腕をあげた。江戸に剣術詮議《せんぎ》で行き、北辰一刀流の千葉定吉《ちばさだきち》道場へ入門した。江戸ではペリー来航にあいカルチャーショックを受けた。帰国して武市瑞山《たけちずいざん》（土佐藩郷士、一八二九〜一八六五）の土佐勤王党に加盟したが、一藩勤王論に疑問を抱き、土佐を捨て脱藩した。

その後、海外事情に通じていた絵師河田小龍《かわだしょうりょう》の西洋感に感激し、同志と共に神戸で勝海舟《かつかいしゅう》（一八二三〜一八九九）から航海術などを学んだ。

長崎で貿易結社「亀山社中」を組織し、武器弾薬の取引をもって、薩摩と長州間の軍事同盟を結ばせることに成功した。龍馬は松平春嶽、勝海舟、小松帯刀《こまつたてわき》、西郷隆盛、木戸孝允、高杉晋作らの人脈をもち大政奉還を実現させ、近代日本の道筋をつくった。京都で見廻組《みまわりぐみ》（治安維持組織）によって暗殺された。行年三十三歳。

初めに紹介する手紙は、神戸にいるころの手紙である。

龍馬は日本を最強の国家にするには、海軍を強くすることを考え、またその海軍構想をもって商売をおこなう土佐海援隊をつくりあげた。海舟塾で、海舟はじめ、海舟の一の弟子佐藤政養《まさやす》から海軍の全般について学んだ。手紙にも四十歳まではこの修行のために帰れないと伝えていた。また得意の人生論を姉乙女に述べ、幕府の役人に憤慨し「日本の洗濯」をしなければならないと訴えていた。洗濯は繕《つくろ》うという意味もある。

10 日本第一の人物

坂本龍馬から姉乙女宛／文久三年(一八六三)三月二十日

◇手紙解説

龍馬は二十八歳のとき土佐を脱藩しており、その一年後の手紙である。現存する姉乙女宛の家信第一号であり、龍馬流の洒脱な語り口調で母親代わりの乙女に心情を露呈した。書き出しの「扨も扨も人間の一世はがてんの行ぬは元よりの事」は、浮世草子の『好色五人女』(井原西鶴《いはらさいかく》作)の「さても〳〵茂右衛門めは、ならびなき美人をぬすみ、をしからぬ命、しんでも果報」のくだりに表現がどこか似ている。龍馬風の盗作なのか。

脱藩は「国抜け《くにぬけ》」といい、ときには家族が重罪にかかることもある。人生に運、不運はつきもので、風呂から出ようとして睾丸をつぶして落命するという笑い話にもならない死に方をするものに比べれば、龍馬は幸せ者でございます、海軍の研究で日本一の勝海舟先生のもとで、海軍の夢をえがきながら学問に取り組んでいます、という。

兄権平には男の子がいない。龍馬とは、二十一歳離れていることもあって、日頃から坂本家を継ぎ、藩の御廟番《ごびょうばん》になれという。歴代藩主の墓守である。龍馬はやりたくないから四十歳まで自由にさせてほしいと兄へ懇願した。最近では兄も渋々納得してくれた。これから龍馬は土佐藩のため国家のために東奔西走しますからご安心ください、この手紙は姉さんの信頼おける人だけにお見せください、としている。

龍馬の意気込みが感じられる一通である。

■手紙文

扨《さて》も扨《さて》も人間の一世《ひとよ》はがてんの行《いか》ぬは元よりの事、うん(運)のわるいものはふろよりいでんとして、きんたまをつめわりて死ぬるものもあり、夫《それ》とくらべては私などは、うんがつよくなにほど死ぬるば(場)へでてもしなれず、じぶんでしのうと思うても又いきねばならん事になり、今にては日本第一の人物勝麟太郎《かつりんたろう》殿という人にでしになり、日々兼而《かねて》思付く所をせい(精)といたしおり申し候、其故に私年四十歳になるころまでは、うち(家)にはかえらんようにいたし申すつもりにて、あにさんにもそうだんいたし候所、このごろはおゝきに御きげんよろしくなり、そのおゆるしがいで申し候、国のため天下の

ためちからおつくしおり申し候、どうぞおんよろこびねがいあげ、かしこ

三月廿日　　　　　　　龍

乙 様

御つきあいの人にも、

極御心安き人には

内々御見せ、かしこ

■訳文

そもそも人間の一生というのは、うまくいかないものであります。運の悪い者は風呂から出ようとして、睾丸を強く打って傷つき死んでしまう者もいます。それと比べて私などは、運が強くどんなに、死を伴う危険な場所へ行っても死なない。自ら死のうと思いつめても、また生きなければならないことになり、今では日本一の人物である勝麟太郎殿という先生の弟子になり、毎日、いつもさまざまに考えることに精を出して取り組んでいます。それで私は四十歳ごろまでは土佐に帰らないようにするつもりで、兄さんにも相談したところ、最近はだいぶん私の気持ちを察し、機嫌がよくなっ

て許してくれました。私は国のため天下のために力を尽くしています。どうぞよろこんで下さい。お願いします。かしこ

三月二十日　龍馬

乙女様

お付き合いのある人でも極信頼できる人のみ内密に見せてください。かしこ

11 日本を今一度せんたくいたし申し候

坂本龍馬から姉乙女宛／文久三年(一八六三)六月二十九日

◇手紙解説

乙女は、近所の者に龍馬の自慢ばなしをしたがったのだろう。だがこの手紙については話

の内容が過激なこともあって、軽々しくこの手紙を見せては大変なことになりますよと、龍馬はあらかじめ釘をさしている。

この年の五月十六日、勝海舟の使者として福井へ行き、横井小楠の紹介で越前の松平春嶽と会い、幕府の神戸海軍操練所の運営のための援助資金五千両の確約をしてもらった。一大藩は越前藩（福井藩）のことで、龍馬は横井、由利公正《ゆりきみまさ》らの宴席に招かれ、そこで攘夷思想にもとづく下関戦争での腐敗した幕府役人の話におよんだ。横井は持論の「挙藩上京計画」を話した。この計画は、春嶽、藩主の松平茂昭《もちあき》が先頭になって率兵上京し、朝廷、幕府にもつかず、政局争いを収め合議して広く人材の登用を断行するということ。薩摩や肥後、加賀などとも連携し、文久の改革（幕府の人事など諸制度の改革）を推進することについて天皇の勅許を得たという噂が飛び交ったのである。越前藩の天下掌握ともとれる話に、在藩の諸藩は大騒ぎとなった。結局、朝廷、幕府の調整不足で実現しなかった。

下関戦争の話は勝海舟から聞いたもので、幕府は、外国船を横浜にて修理、負傷した兵士の治療をしているという。幕府は公武合体につまずき、薩長も幕府を討つべしとの風評があるという。激高した龍馬は日本の洗濯をすべしとまわりに訴えた。まさに、この手紙は龍馬の中でも白眉の書であるといっても過言でない。

■手紙文

この文は極《ごく》大事の事計《ばかり》にて、けしてべちゃ〳〵シャベクリには、ホヽヲホヽヲいややの、けして見せられる（ぬ）ぞえ。

六月廿日あまりいくか《（幾日）》ヽ　きょうのひは忘れたり、一筆さしあげ申し候、先日杉の方より御書拝見仕り候、ありがたし、私事も、此《この》せつはよほどめをいだし、一大藩に（ひとつのを、きな大名）よく〳〵心中を見込てたのみにせられ、今何事かでき候得ば、二三百人計は私し《ママ》預り候得ば、人数きまヽにつかい申し候よう相成り、金子などは少し入よう《（用）》なれば、十、廿両の事は誠に心やすくでき申し候、然《しかる》に誠になげくべき事はながと《（長門）》の国に軍初り、後月より六度の戦に日本甚《はなはだ》利すくなく、あきれはてる事は、其《その》長州でたヽかいたる船を江戸でしふく《（修復）》いたし又長州でたヽかい申し候、是《これ》皆姦《かん》吏《り》の夷人《いじん》と内通いたし候ものにて候、右の姦吏などはよほど勢もこれあり、大勢にて候えども、龍馬二三家の大名とやくそくをかたくし、同志をつのり、朝廷より先ず神州をたもつの大本をたて、夫より江戸の同志（はたもと大名其余段々）と心を合せ、右申す所の姦吏を一事に軍いたし打殺、日本を今一度せんたくいたし申し候事にいたすべくとの神願《しんがん》にて候（略）

■訳文

この書面は極内密のことばかりなので、けっしてべちゃべちゃ話したり、方々にいいまわったり、けっして人に見せたりしてはなりません。

六月二十日をすぎ幾日かたち、今日は何日か忘れました。乙女さんに筆をとり手紙を差し上げます。先日は杉山（土佐藩士池内蔵太《いけくらた》の家族）よりのお手紙を拝見しました。ありがとう。私も、この頃はよほど芽が出てきて、大きな大名、つまり一大藩に見込まれて、頼りにされています。

いま、何事がおこっても二三百人ばかりを私は預かって、その人数を自由自在に使えるようになりました。お金なども少しぐらい入用ならば、十両や二十両ぐらいは誠に簡単に用意できます。

それなのに誠に嘆かわしいことは、長門の国で戦いがはじまり、先月から六度の戦いでは日本ははなはだ苦戦し、あきれ果てることに、その長州の戦いで壊れた外国船を江戸で修復してやって、また、その船をもって長州で戦わせています。これはみな、幕府の悪賢い役人らが、外国人と内通しているからです。右のような悪賢い役人は、幕府の権力をかさにきて勢いづいています。

そんな大勢の役人を相手に、龍馬は二三家の大名と固く約束をして、同志を集め、朝廷よりまず神州日本を守ることを根本として、江戸にいる同志らの旗本と大名その他と心をひとつに、右のような悪賢い役人をいっぺんに潰すいくさをして打ち殺し、日本を今一度、洗濯しようと思っています。これをするのが心からの願いです。（略）

真木《まき》和泉守《いずみのかみ》

水天宮神官（一八一三〜一八六四）

　久留米水天宮神官、真木旋臣《としおみ》の長男として生まれる。幼名は湊、久寿、変名は浜忠太郎、雅号は紫灘《したん》と称した。和泉守の家督を相続し水天宮神官となった。天保三年（一八三二）、京都で従五位下を叙任、大宮司真木和泉守朝臣保臣《やすおみ》と称した。江戸で水戸の会沢正志斎《あいざわせいしさい》と会い水戸学思想の影響を受け、朱子学者安井息軒《やすいそっけん》、塩谷宕陰《しおのやとういん》らと往来した。

　久留米藩主有馬頼永《ありまよりとう》に藩政改革を上申した。孝明天皇の即位式を拝観するため上京し、この際に公卿の三条実万《さんじょうさねつむ》、東坊城聡長《ひがしぼうじょうふさなが》、野宮定功《ののみやさだいさ》らや鷹司家の諸大夫小林良典《よしすけ》と親交をもった。

　文久元年（一八六一）、平野国臣《ひらのくにおみ》（福岡藩士）、清河八郎《きよかわはちろう》（出羽庄内出身の志士）らと攘夷運動に走った。翌年、薩摩国父島津久光《しまづひさみつ》（一八一七〜一八八七）の上京を図るが、文久二年、関白らの殺害を企てた尊皇攘夷派の薩摩藩士らが島津によって鎮撫された寺田屋の変（寺田屋騒動）で挫折し、久留米に護送され幽閉された。その後赦免される。さらにその後、長州藩主毛利敬親に謁見し攘夷を訴えた。公武合体派が尊皇攘夷派を京都から追放した文久三年の八月十八日の政変で再び挫折し、長州藩が挙兵した禁門の変で敗れ天王山で自刃した。行年五十二歳。

真木は神官であることから謹厳実直な性格だった。この頃のことは書面でもわかるように毛利敬親からの信任厚く長州においても人脈があった。

八月十八日の政変で長州勢は京都から一掃され、前述したように急進派の三条実美《さねとみ》ら七卿は長州へ都落ちし、身分差し止めの厳しい処分をうけた。真木は郷里に残した年老いた母を気遣って手紙をおくったのだろう。

12 長州御父子様に御めにかゝり

真木和泉守から母宛／文久三年（一八六三）九月十四日

◇手紙解説

この手紙の前年にあたる文久二年二月、真木和泉守は脱藩し京都に上り、寺田屋事件に加わったが失敗し、七月、久留米に送還され幽囚の身となった。翌三年許され京都に入り、御所内の学習院へ出仕となり、急進派の公家三条実美らと大和行幸や攘夷親征を画策した。しかし、薩摩、会津らによる八月十八日の政変で長州勢は京都から一掃された。このとき真木も三条ら七卿について長州に下った。

この手紙は長州三田尻（山口県防府市）から国許の福岡久留米の自宅に差し出したものである。真木にはこのとき孫が二人いた。病気がちの母と妻睦子、長男主馬《しゅめ》は投獄され、娘小棹《さお》らが留守宅を守った。国許ではよくない噂ばなしがあるかもしれないが、気にしないでほしい、としている。

真木は元治元年（一八六四）七月十九日、禁門の変で長州軍に従軍し天王山で自刃、志半ばで人生を終えた。

■手紙文

（略）私も無事にてくらし居り申し候、外記《げき》も菊四郎《きくしろう》とも一つに成り、次郎も一寸参り、加賀も出あい、心づよくぞんじあげまいらせ候、朔日には山口に参り候て長州御父子様に御めにかゝり、ゆるゆると御はなし申し上げまいらせ候、みやこよりはおち参り候えども、まだすたり申さず候間、御安心下さるべく候、ちかきうちには又々のぼり申すべし、みやこにはよろしき事色々ござ候よし、なにも御きづかい成されまじく候、御国あたりにてはつまらぬ事申すべく候えども、内ばはけしてあしくござなく候、やがてうんひらけ申すべし、御心やすく御待ち下さるべく候、かねなしにてこまり申し候まゝ、どうぞけんやく遊ばされ候て、やどをこしらえ下さるべく候、先ずはあらあらめで度かしく

九月十四日　　和泉守

（折封上書）

真木和泉守

母上様

内用無事

みたじりより

■訳文

（略）私も無事に暮しています。弟の外記や四男の菊四郎とも一緒になり、次郎（甥の大鳥居理兵衛《おおとりいりへえ》、信臣）も少し来て、加賀（弟、小野加賀）にも出会い心強くなりました。去る九月一日には山口に行き、長州藩主父子様（藩主敬親と世子元徳）に謁見でき、ゆっくりお話させて頂きました。

京都から落ちてきましたが、少しもへこたれていませんので、ご安心下さい。近いうちにまた上京するつもりです。京都はよい事がいろいろありますので、ご心配しないでください。久留米ではつまらぬことをいっているかもしれませんが、内は決して悪くありません。やがて必ず運が開けます。お心丈夫にお待ちください。お金がなくてお困りとはおもいますが、倹約して家をまもりお過ごしください。よろしくお願いいたします。

（文久三年）九月十四日

（真木）和泉守

（折封上書）

母上様

無事にて

三田尻より

中岡慎太郎《なかおかしんたろう》

土佐藩郷士（一八三八〜一八六七）

大庄屋中岡小伝次《こでんじ》の長男として生まれる。幼名は福太郎、光次といい、変名は石川誠之助、大山彦太郎、横山勘蔵、雅号は迂山、遠山と称した。幼少より神童の誉れたかく、学問は間《ま》崎哲馬《さきてつま》（土佐藩士）に学び、剣術を武市瑞山につき修めた。土佐安芸郡北川郷（高知県北川村）の大庄屋見習となり、父を継ごうと努力した。

土佐勤王党が結成されるや、龍馬とともに加盟した。文久二年（一八六二）十二月、信州松代の西洋学者佐久間象山を訪ね時勢を論じ、京都を経由して帰藩した。

だが、翌年の八月十八日の政変を機に土佐藩内では勤王弾圧がはじまり、十月十九日、脱藩して防州（周防国）三田尻に逃れ石川誠之助と変名した。脱藩浪士の混合部隊である長州の忠勇隊に入り、禁門の変に参戦し負傷、長州に敗走した。

慶応元年（一八六五）正月、三条実美ら五卿の筑前太宰府への移転に際し尽力、西郷隆盛と協議し、薩長同盟を画策した。のち龍馬の奇策で同盟は締結したため薩摩は参戦せず、幕府は長州再征に失敗した。そこで武力討幕を推進し慶応三年五月、板垣退助を西郷と会談させ、討幕の密勅を結んだ。

土佐陸援隊を結成し隊長となった。岩倉具視と気脈を通じ討幕論を画策したが、京都の近江屋で龍馬とともに見廻組に暗殺された。行年三十歳。

中岡は長州の吉田松陰に傾倒していた。松陰とは面識はなかったが、その門人と親交をもち、禁門の変では長州兵とともに戦う行動の人であった。

この戦いでは死を覚悟していたことがひしひしと伝わってくる。その後も積極的に薩摩と長州の同盟に奔走した。

13 先ず攘夷を大本とし

中岡慎太郎から中岡小伝次、同源平宛／元治元年（一八六四）七月十八日

◇手紙解説

慎太郎は禁門の変に参戦した。戦いの前日に郷里の父と義兄に、戦死を覚悟して書いた手紙の中で辞世の二首を詠んだ。

この年（元治元年）の六月五日の池田屋事件で、攘夷派の志士が新選組に惨殺された。肥後、長州、土佐らの同志が亡くなり、長州には四日後の九日に知らされた。長州ではこれを好機とみた重臣らが次々と率兵上京し、京都にいた長州派の志士らは嵯峨天龍寺に入り、このとき慎太郎も駆け込んだ。八月十八日の政変で、三条実美ら七卿が、妙法院から二千五百名の長州勢に護られ長州へ都落ち、京都から長州勢が一掃された。七卿と長州の毛利父子は、身分を剥奪され朝敵とされた。

慎太郎は、会津藩などが密かに謀議して天皇を彦根へ連れ去ろうとしていると風聞で知ったことを伝え、これは国家というものをないがしろにした大罪であるといっている。

禁門の変は長州にすれば攘夷の実行、藩主毛利父子冤罪、七卿の復権を求めての聖戦ととらえ、幕府側の会津藩、薩摩藩と戦闘に突入した。長州勢力三千に対し、朝廷を護る幕府軍は八万で、戦端は七月十九日未明に伏見で開かれ、やがて御所西側の蛤御門《はまぐりごもん》と南側の堺町御門が主戦場となった。長州は善戦するも大敗し、このとき慎太郎も負傷した。

十九日午前八時、河原町三条上る長州藩邸より火を放ち、翌二十日午後五時におよび、焼失地域は東は加茂川より西は堀川に至り、北は一条より南は七条に達した。京都市街の三分の二を焼失し、「どんどん焼け」とよばれた。罹災町数八百十一町、戸数二万七千五百十七軒と瓦版は伝えている。

慎太郎は、愚直な人物で自分の信条を手紙で淡々と父に伝え、国家論に理解を求めている。

■手紙文

一筆呈上奉り候、残暑今に甚《はなはだ》しくござ候。益々御機嫌能《よ》くござ遊ばさるべく大賀に候、扨《さて》私事、先月出陣仕り、嵯峨天竜寺に陣を取り、今日迄その侭罷り在り候、主意は去る八月十八日以後、恐れながら　天朝の御処置御齟齬《そご》の次第《しだい》、全く会津、薩州等の奸計よりかゝる次第に成り行き候事、慨歎に堪《た》えずして、先ず攘夷を大本とし、七卿様方御復職、長州侯御入京等万事宜《よろ》しきを得候御処置在《あ》らせられたくの歎（嘆）願愁訴する所にござ候所、会津は直様《すぐさま》去月廿七日夜九門《きゅうもん》内に入り、今に出ず、薩州其《その》外頻《しき》りに追討の命を請い候由《よし》、全く只今の姦賊は甚《はなは》だ会津に極《きま》り申し候に付、色々苦心仕り居り候内、恐れ多くも鳳輦《ほうれん》を彦根に動かし奉らんと計り候趣、全く会津・彦根の奸策に出候事にて、実に、皇国の大罪逃《のが》るゝ所にあらずと一同決心、罪を数え、皷を鳴らしてその罪を討たんと相謀り、公然として是を天朝に願い奉り、列藩に檄《げき》を伝え、直様突入せんと相決し申し候。左すれば私共も最早この限りの命と御あきらめ仰せ付けらるべく候、御父上様には御年も行《ゆ》かせられ御気の毒千万、私において不孝と思召《おぼしめし》もござ有るべく候えども、土佐の国の山野に生まれし愚盲の私とは申しながら、幼少より忠義の道兼々相心懸《か》け居り候処、この度先ずは皇国の御為に一天万乗の君のために闕下《けっか》に死し候わば、何も〳〵うらみござ無く候、この処丈は幾重も〳〵御あきらめ御悦び仰せ付けらるべく候、御家内御一同様その外へ宜しく願い上げ奉り候、将《はた》又《また》御国の事もどうか承り候えば、つまらぬ御政事に成り行き候趣、彼是《かれこれ》御国同志の人々も苦心如何計《いかばかり》かと遠察仕り候、何分にも当日は大取急ぎ別書相認め候に暇ござ無

く候に付、この書御覧の上、清岡等に御見せ仰せ付られたく存じ奉り候、

大君の大御心お休めんと　思ふこころは神ぞ知るらん

大君の辺《へ》にこそ死なめ大丈夫の　都はなれて何か帰らん

と思い出し候まゝ相認め申し候、右あら〳〵かくの如くござ候、恐惶謹言

子七月十八日　道正

家大人様

家大兄様

■訳文

手紙を差し上げます。残暑は今もとても厳しいです。皆様はますますお元気の様子でなによりのこととお慶び申し上げます。

さて、私ごとですが、先月出陣し、嵯峨天竜（龍）寺に陣を張り、今もそのまま駐屯しています。申し上げたいことは昨年の八月十八日以降は、こう申しては失礼ですが、朝廷の考え方とうまくかみ合わず、すべて会津藩、薩摩藩などの悪巧みによって、このような状況になっています。憂い嘆くことはもう堪えられないので、まず攘夷を

根本に据え、七卿様方の朝廷へのご復職、長州藩主父子のご入京などすべてよろしくご処置いただくよう嘆願・愁訴するところです。会津藩はすぐさま先月（六月）二十七日夜に御所の九門の内に入って、今だ出てきません。薩摩藩や他藩がしきりに追討の命を請い願ったようです。この現状の奸悪な賊ははなはだしく会津藩に極《きま》りました。このことに色々と苦心しているうちに、恐れ多くも鳳輦を彦根に動かし、天皇を移そうとたくらんでいるようです。すべては会津藩と彦根藩の悪だくみからでたことで、実に国家に対する大罪で、見逃がすことは許されません。一同は決心してこの罪を数え、太鼓を打ち鳴らし討伐することを計画し、広くこの内容を朝廷に願い、列藩に伝え、突入することを決しました。ですから私どももこの世の限りの命とあきらめ、命令を待っています。

父上さまにはお歳も召され、お気の毒なことです。また私のことを不孝な者と思われるでしょうが、土佐の国の山深い村に生まれ、愚かな私ですが、幼少より忠義の道だけは日頃から心がけていましたところ、このたびはまず国家のために天皇のために、天子の御前で討死できるならば、なんのうらみもありません。このところだけは、父上様も幾重にも幾重にもあきらめて、よろこんで（お国のため、天皇のため）死んでいくように私に仰せ付けくだささい。ご家族のみなさま、まわりの方へもよろしくお伝え下さい。また、お国のことを思えば、つまらぬ政治の成り行きになってしまい、お国の同志の者も苦心していることと遠くから察しています。

何分も当日はいそがしく別の手紙を認める暇がないので、この手紙をご覧の上、清岡道之助らにも見るようにいっていただければ、ありがたく存じます。

(和歌二首)

大君の大御心お休めんと　思ふこころは神ぞ知るらん

大君の辺にこそ死なめ大丈夫の　都はなれて何か帰らん

と頭に浮かんだまま筆をとりました。右、ざっとこのようなことです。恐惶謹言

子年《ねどし》(元治元年) 七月十八日　道正

父上様

兄上様

14 山いもの汚名

中岡慎太郎から三好慎蔵宛／慶応二年（一八六六）四月十七日

◇手紙解説

慎太郎にとって薩摩藩と長州藩の軍事同盟は宿願であった。この同盟は一橋・会津・桑名（徳川慶喜《とくがわよしのぶ》、松平容保、松平定敬《まつだいらさだあき》で構成された体制）を封じ込め、西南雄藩が結束しての武力討幕への第一歩であったが、同志と画策したがらなかった。そこで盟友龍馬に話をもちかけると、薩摩と長州は犬猿の仲、禁門の変でも薩摩藩にたたきのめされている。慎太郎は西郷隆盛に、長州に赴き木戸孝允と会談をもつことを承諾させたが、しかし西郷は会談の約束を破った。木戸はまたも薩摩にだまされたと怒り心頭であった。

そこで慎太郎は龍馬に相談をもちかけた。龍馬は空気を読むのがうまい。政治や建前は横に置き、商売をもって関係を融和策に転じた。薩摩は米をほしがっている、長州は武器がほしい。だが、幕府は直接、長州へ武器を売ることを禁止している。龍馬はイギリス商人のグラバー商会から薩摩名義で買い付けそのまま、長州へ船で納め利益をあげた。商売はいつしか両藩のわだかまりを氷解させた。これを機に京都で両藩の同盟を画策した。京都は天皇の庭、そこで軍事同盟を確約させる。木戸は三好慎蔵を連れて、入洛し龍馬の仲介で成立させた。慎太郎と武力討幕の道が開けたと、自信をにじませ慎蔵に酒にまかせて持論をぶちまけた。田舎者のたわごとをくどくどと申し上げたことを許してほしい、と詫び状を送ったのがこの一通である。

■手紙文

昨日は推参、御丁寧御馳走ゆる〳〵御高話拝承、有り難く存じ奉り候、さて久し振りに拝顔、満酌を辞せず、大酔仕り、今朝に相成り茫然黙座、昨夜の次第を考るに、定めて例の如く七九どき議論など出、所謂山いもの汚名免れざる事と、慚愧《ざんき》の至りに存じ奉り候、今朝は取り急ぎ候儀に付き出立仕り候、尤も早朝の儀に付き、御無音に打ち過ぎ申し候、外ならず失敬仕り候、御高恕これ祈り候、頓首百拝

四月十七日　石川迂山具

三好盟台

■訳文

昨日はおじゃまし大変ごちそうになり、ゆっくりお話をうかがうことができ、ありがとうございました。久しぶりにお顔を拝し、勧められるままお酒をいただき、帰ることも忘れ、泥酔して朝方にまでなり、気がつけば茫然と黙座していました。昨夜のことを考えると、ついいつもの悪い癖でくどくどと議論をして、よくいう田舎者の汚名とはいえ許されず、見苦しい醜態になり恥じ入っています。今朝は取り急ぎ、また早朝のこと故、あいさつもせず出立しました。失礼なこと以外の何物でもありません。お許しくださいますよう祈っております。頓首百拝

（慶応二年）四月十七日　　　石川（変名）迂山（号）

三好慎蔵殿

山本覚馬《やまもとかくま》

会津藩士（一八二八〜一八九二）

会津藩砲術師範の山本権八の長男として生まれる。幼名は義衛、良晴といい、雅号は相応斎と称した。九歳で藩校日新館に入る秀才であった。その後、弓術、馬術、槍術を究めた。江戸遊学して蘭学を蘭方医大木忠益《ちゅうえき》（のちの坪井為春《つぼいいしゅん》、ためはるとも読む、一八二四〜一八八六）、西洋砲術を佐久間象山に学び、研究の末に着発銃（着弾と同時に破裂する弾）を開発した。日新館教授となり西洋砲術などを教え、軍事取調役兼大砲頭取になった。藩主松平容保が京都守護職に着任するにあたり、随行し入洛した。禁門の変で戦功をたて、洋学所を設けて藩士の教育にあたり、改革に尽力した。のちに失明しているが、射撃の硝煙の影響や白内障の悪化などが原因ともいわれている。

慶応四年（一八六八）正月の鳥羽伏見の戦い後に薩摩兵に捕えられ獄に入れられた。その際、建白書「管見《かんけん》」を薩摩藩主に上申し見識を高く評価された。釈放された維新後は京都府顧問となったが、槇村正直知事と府政で対立した。初代府会議長、商工会議所会頭を歴任した。妹八重と結婚した新島襄（一八四三〜一八九〇）とともに英学校の同志社の創設に一役買った。行年六十五歳。

覚馬はNHK大河ドラマ「八重の桜」（二〇一三年）の主人公にもなった山本八重の兄で、会津藩の兵制改革に尽力した。禁門の変では長州に勝利した。本書であえて次の文書を取り上げたのは、藩からの論功行賞で、覚馬の功績を称えているからである。

会津藩では刀槍《とうそう》が武士の武術と考え、飛び道具の砲術は受け入れなかった。覚馬は時代を見据え、洋学研究や西洋砲術を藩内に採用するよう尽力した。西洋砲術を採用するだけでなく、火薬や弾の製作や銃砲の部品を製造するマザーマシンを作ったのである。これは画期的な発想であった。覚馬は大砲を使用した禁門の変で、御所を守護した。

戊辰戦争の局面のひとつである会津戦争で、八重は兄覚馬から射撃訓練を受け、スペンサー銃をもって籠城した。このとき城内で八重は、大砲の弾を兄覚馬からおそわった製造法で、女性らを使い自ら製作した。

また、八重は銃に対する知識が豊富で、藩主容保の前で弾を分解し講義までした。西洋医学の包帯の巻き方についても熟知し、負傷した兵士の手当までした。日本のナイチンゲールといわれ、晩年に日本赤十字の篤志看護婦も務めた。兄覚馬から教えられた銃砲の研究から多くのことを体験したことが社会に役立った。

15 会津藩の禁門の変論功行賞

会津藩から山本覚馬宛／元治元年（一八六四）月日不明

◇手紙解説

禁門の変では、長州が兵を引連れ上京し、市中で戦闘がはじまった。山本覚馬は会津の大砲隊、足軽隊を率いて御所の西側にある蛤御門に布陣した。覚馬は会津大砲隊と小銃で長州兵と激戦し、薩摩の援軍で撃退した。

京都守護職松平容保は病身でありながら、九条河原に見廻組や新選組の陣をはらせた。このときの様子を「肥後守容保は即刻参内せんとするも、病重くして行歩心に任せず、侍臣らに命じ病床にありて、上下を着されけり」(旧会津藩士北原雅長『七年史』)と記している。
御所内では、緊急に備え孝明天皇の避難も考えていた。容保は病身を押し両腕をかかえられて御所に馳せ参じ、孝明天皇を御守りすると申し上げた。そのとき長州の国司信濃が中立売門《うりもん》を護っていた筑前兵を破り鷹司邸に立て籠もった。薩摩兵からの一報で覚馬は大砲隊とともに鷹司邸に駆けつけた。

長州軍の遊軍真木和泉守は、敗走する途中に小倉神社神官から金の烏帽子と錦の下垂を借りて十七烈士とともに天王山に立て籠もった。覚馬は大砲隊を率いて掃討作戦をして自刃させた。会津藩は覚馬がまとめた大砲や小銃隊で、戦いを有利に進めた戦功に対し論功行賞をおくった。

この文書は書状ではないが、覚馬の京都における活躍を知り得る唯一のものであるので、覚馬の紹介とともに特に加えることにした。

■手紙文

大砲方頭取御雇勤《おやといづとめ》　拾三人扶持　権八倅《せがれ》　山本覚馬

三人扶持御加増
右は大銃打ち手頭取相勤め、当七月十九日同断鷹司殿へ馳せ向かい大小砲打ち懸け一方を打破、壱番に乗り入れ相働き、且つ天王山賊徒追討の節、大砲隊の一手大物の姿を以て相進み、大小砲打ち懸け一手にて乗っ取り候段、功作格別に付き、(略)

■訳文

大砲方頭取御雇勤　十三人扶持　権八の息子　山本覚馬
三人扶持加増
右は（山本覚馬）大銃打ち手の頭取を務め、七月十九日、同じく鷹司邸へ馳せ向かい、大砲、小銃を発砲し一方を撃ち破った。一番に乗り入れ働いた。
かつ天王山へ敗走兵を追討した際、大砲隊の一隊の大物の人物の姿をもって進軍し、大砲、小銃を発砲し一手に乗っ取った。この戦功は格別に付き、(略)

梅《うめ》田《だ》雲《うん》浜《ぴん》

小浜藩士（一八一五〜一八五九）

小浜藩士矢部岩十郎義比《よしちか》の次男として生まれる。幼名は義質、定明といい、通称は源次郎、雅号は湖南と称した。江戸遊学して藩の儒者山口菅山《かんざん》に学んだ。帰藩して祖父の梅田姓を名乗った。入洛し近江大津に住み、儒者上原立斎《りっさい》に学んだ。立斎の娘信子を娶り湖南塾を開き門弟を育てた。

二十九歳のとき京都の私塾望楠軒《ぼうなんけん》の講主となった。講義の内容は経世済民で経済を重視し、藩政や攘夷について藩主酒井忠義に進言したが、それがかえって反感をかい、三十八歳で士籍を失った。ペリー来航では江戸に向かい、水戸、越前で危機感を唱え、ロシア艦隊が大坂湾に入ると、病床の妻を残して奔走した。

安政五カ国条約問題が起こると、青蓮院宮家家臣、伊丹蔵人《いたみくろうど》の斡旋で青蓮院宮に拝謁し、条約不可と攘夷親征を上申した。将軍継嗣問題では、梁川星巌《やながわせいがん》（漢詩人）らと一橋慶喜を擁立しようと画策し、井伊大老と対立した。井伊大老の謀臣長野主膳《ながのしゅぜん》が探索し、京都の寓居で伏見奉行の者に捕えられ江戸送りとなり、小倉藩主小笠原忠嘉《おがさわらただひろ》に預けられたが病死した。行年四十五歳。

雲浜は各方面に人脈をもち、経済に明るく行動派で、京都と長州の物産所を開設し利益をあげ、攘夷運動の資金にあてている。安政三年（一八五六）十二月に長州の吉田松陰を訪ね、議論をかわした。その際、能筆家であったことから「松下村塾」の額面を松陰から頼まれ揮毫した。

朝廷の情報通で、次の手紙でも、近衛家の老女村岡局の人物評を薩摩の西郷隆盛に知らせている。

16 老女村岡と申す婆これ有り

梅田雲浜から伊地知正治・西郷隆盛宛／安政五年（一八五八）二月二十九日カ

◇手紙解説

この手紙は、小浜藩浪人の梅田雲浜が安政の大獄で捕縛される約半年前に、薩摩藩士の伊《い》地知正治《じちまさはる》（しょうじとも読む、一八二八〜一八八六）と西郷隆盛に宛たもので京都から発信していた。内容からして安政五年二月二十九日と推測できる。

この頃の西郷は、藩主島津斉彬《しまづなりあきら》の命を受けて、条約勅許と将軍継嗣問題のため、奔走中であった。梅田は西郷に近衛家の老女村岡へ相談すべきであると伝え、この情報は中川宮（久《く》邇宮《にのみや》）朝彦親王から内密に聞きました、私は今寝込んでいますが入洛の際には他のこともお話します、と続けている。

西郷は二月二十六日、江戸の薩摩屋敷で家老の鎌田正純に会い、翌日には越前の福井藩士中根雪江《なかねゆきえ》（一八〇七〜一八七七）をたずねた。その後に将軍徳川家定《いえさだ》（十三代）夫人になっていた、天璋院《てんしょういん》（篤姫《あつひめ》）から近衛忠熙《このえただひろ》宛の書面を携え三月に京都に来た。西郷は近衛が思った以上に奔走していることに安心して、近衛から天璋院への返書を持って三月二十日、江戸に戻った。

梅田や西郷の行動がつかめる一級の史料である。

■手紙文

晴雨不一、愈御清適賀し奉り候、陳《のぶ》るは日々御周旋と察し奉り候、陽明家は御手を廻され候哉、彼の家中大夫皆愚物のよし、老女村岡と申す婆これ有り、この人物、慾は深く候え共、理非の能《よ》く分かり候器量者にて女丈夫《じょじょうふ》也、陽明家の清少納言と申し、この者の事をば、左府公《さふこう》能《よ》く御聞き遊ばされ候て、御従いのよし、是は何とか御手を廻し候わば、貴意能《よ》く通り申すべく候、粟田家より内々承り候間、此の段御通し申し上げ候、下拙《げせつ》も今に平臥罷り在り候、御序《ついで》に御入来下され候わば大慶、外にも御内話致し候事これ有り候、頓首不一

二十九日　梅田

伊地知様

西　郷様

二白、本文極密の事に候

■訳文

ごあいさつ申し上げます。ますます気持ちよく安らかにお過ごしのことと存じます。さて日頃から立ちまわられていることと思います。

近衛家（陽明家）へはお手をまわされていますか、かの家中の太夫は皆愚かなものばかりのようです。老女の村岡という婆がいますが、この人はよくばりですが、道理もよくわかって器量もので、女性として気性もしっかりしています。近衛家の清少納言と呼ばれています。左大臣の近衛忠熙は、この人のいうことにはよく耳を傾けて意見を聞いておられます。ここは何としてもお手をまわされた方が、あなたのご意見もよく通ると思います。このこと中川宮朝彦《あさひこ》親王家より内々に聞いています。このことをお伝えします。

私は今、病気で寝込んでいます。おついでにお訪ねいただければ大変うれしく、他にも話したいことが山ほどあります。頓首不一

二十九日

梅田

伊地知様

西　郷様

二白　本文極密のことです。

木戸孝允《きどたかよし》

長州藩士（一八三三～一八七七）

長州藩医和田昌景《まさかげ》の長男として生まれる。七歳で桂家の養子となる。桂小五郎でも知られる。通称を準一郎といい、雅号を松菊、竿鈴、広寒と称した。吉田松陰と親交を結び、その門下生の支援をした。江戸へ剣術詮議で行き、斎藤弥九郎の神道無念流に入門し塾頭となった。

浦賀奉行所与力の中島三郎助《なかじまさぶろうすけ》（一八二一～一八六九）に造船術、美濃の神田孝平《かんだたかひら》（一八三〇～一八九八）に蘭学を学んだ。水戸藩士西丸帯刀《さいまるたてわき》（一八二二～一九一三）と丙辰丸盟約《へいしんまるめいやく》（尊皇攘夷派の長州藩士と水戸藩士らの盟約）を結んで攘夷運動に挺身した。長州京都藩邸詰めとなったとき、池田屋事件が起こり虎口を脱し、逃げの小五郎と呼ばれるようになった。

禁門の変では久坂らの出兵論に対し、長崎の立場を考え率兵上京に反対であったが、長州は藩兵を上京させ三方面から進軍した。しかし敗退したため、敗戦処理をしたのち但馬出石《いずし》（兵庫県豊岡市）に身を隠した。慶応元年（一八六五）四月、長州に帰ったが、ほとんどの藩士は木戸が戦死したと思っていた。

翌年正月、薩摩藩と長州藩は龍馬の尽力で同盟を締結した。最後の将軍徳川慶喜が大政奉還し、王政復古により新政府樹立の足がかりとなり、明治元年（一八六八）太政官に出仕した。五カ条誓文の草案に助言し参与に、同三年に参議になり、同四年の廃藩置県に西郷隆盛らと尽力した。この年、岩倉使節団の全権副使として米欧を回覧し、同六年に帰国、憲法制定を建言した。西郷の征韓論に大久保利通と反対した。

その後、内閣顧問となり明治天皇の奥羽巡幸に従った。京都の自邸で病没した。行年四十五歳。

木戸は情報通であり、情報は正確でなければならないとしていた。収集方法は花街に出入りして、各藩の動向や人脈から風聞、見聞をもとに判断し、自らの意見も伝えている。

17 神州の元気を

木戸孝充から来原良蔵宛／文久元年（一八六一）六月十一日

◇手紙解説

文久元年、木戸二十九歳。このころ、長州京都藩邸の留守居で京都支店長心得のような役職で交際費もあり、花街三本木で遊び、幾松《いくまつ》十九歳と恋仲になった。祇園などでも遊びながら各藩の情報を集めていた。

この手紙は朝廷側の情報から、朝廷と幕府の連合体を推進する公武合体論に疑問をなげかけたもので、これを機に幕府側の薩摩、会津との軋轢が深まっていった。長州は攘夷の魁《さきがけ》を墓標に藩論としていた。宛先の来原良蔵は江戸遊学し、朱子学の安積良斎に学び、江戸で松陰や木戸とも親交をもち、松陰の脱藩を支援したことで譴責《けんせき》された。ペリー来航の際には視察をしている。のちに木戸の妹春子と結婚した。文久二年八月、イギリス公使館襲撃事件で連座し、長州江戸藩邸で自刃した。

文中の旗本池田頼方《いけだよりかた》（よりまさとも読む）は安政の大獄のとき、井伊大老のもとで江戸南町奉行を務め、松陰の密航未遂を流罪と決定したが、井伊が罪一等を加え死罪と朱筆で書き改めたという。本来、政治犯は一等を減じる決まりがあった。独裁に対する反感も高まり、井伊大老は水戸浪士に桜田門外で暗殺された。

老中安藤信正《あんどうのぶまさ》（一八一九〜一八七一）は井伊大老暗殺後、幕政を牛耳った。文久二年一月の坂下門外の変では水戸浪士に襲撃され負傷した。井伊のあとを継いだ彦根藩主直憲は、亡父の責任をとらされ十万石を減封された。安藤は公武合体をめざし、孝明天皇の妹和宮を将軍家茂《いえもち》（十四代）に降嫁させることを水面下で画策した。

さらに安藤は長州の長井雅楽《ながいうた》（時庸《ときつね》）の「航海遠略策《こうかいえんりゃくさく》」（公武一和のもとに挙国一致し国力を高め開国する）も承認していた。この公武合体に長州も傾いたが、六月五日、攘夷派の排斥をうけ、藩主毛利敬親が長井に帰藩謹慎を命じ、藩論は攘夷に統一された。

毛利敬親ははじめ慶親と名のっていたが、将軍徳川慶喜と同じ「慶」を嫌い、高杉らが申したて敬親と変えたという。長州では慶応年号も「慶喜に応じる」ことになるとして「慶応」を使用せず、前号の「元治」を灯篭などにも使っていた。

■手紙文

今晩御飛脚出足とのみ存じ居り申し候所、今朝相立ち候様子に付き、真の一筆呈し奉り候、いよいよ御壮栄御忠勤相賀し奉り候、弟禄々消光御安慮願い奉り候、

○東禅寺一条逐々お聞き及びと存じ奉り候、実に当今の次第にては、正気《せいき》凝滞止むを得ず下策に出、残念この事にござ候、これ已後《いご》とては、中々止み勢いはこれ無く、町奉行池田も刺客のために首をかかれ候に相違これ無く、閣老安藤へも刺客入り込み居り候処、池田一条に付き、余程邸内詮議仕り候よしに付き何となく逃げ去り候様子、勢い日々逼迫所詮姦吏を一掃致さず候て始終かくの如く混雑にては、神州の元気を回復致し候事はとてもむつかしく、就いてはこの度の公武御合体と申す説も甚だ不審千万に存じ奉り候、当時の幕吏と申し合わせ候て、謀り候位にては中々行き届き申さず、自然御家よりして勅意を緩め奉り候様に相聞こえ候て、実に以て御家に対し、いか様天下有志のもの御怨みを申し上げ候哉計り難く、いかがの儀哉と日夜国難の着を相待ち居り申し候、いずれサツマ、トサ、因州諸侯合体遊ばされ、一先《ひとまず》御参府も御辞し遊ばされ候て、天下の曲直《きょくちょく》を御議論これ有り、姦吏神州のため、幕府のために御掃蕩《そうとう》遊ばされ候位にこれ無く候ては、中々徹底仕らず、是非御参府は御延引と決着相成り候

様御周旋願い奉り候、
○別紙書状御面倒ながら御とどけ成し遣わされ候様願い上げ奉り候、久坂玄瑞、弾正大夫へ別書差し送り呉れ候様申し候、御序でござ候わば然るべく御頼み仕り候、当今の風説は一々書き集め、政府へ当政府より差し送られ候間、御承知なさるべき義と存じ奉り候（略）

■訳文

今夜に飛脚が出るとのみ知っていましたが、今朝に出るようなので真の一筆を差し出します。いよいよ元気で忠勤されおよろこび申し上げます。私も安らかに月日を送っています。ご安心下さい。
○攘夷派志士が江戸高輪の東禅寺イギリス公使館へ襲撃事件を起こしたことは、すべてお聞きおよびのことと思います。実にこの頃の成り行きは、正気が滞り、結果まずい手段になり、残念なことです。今後もなかなか止みそうもなく、江戸南町奉行の池田（頼方）も刺客に首をとられるにちがいなく、老中の安藤信正方へも刺客が入り込んでいるということで、池田の一件もあるのでかなり邸内を調べましたが、いつの間にか逃げさったようです。勢いは日々行き詰り、所詮は悪賢い役人を一掃しないことには、絶えずこのような混乱をおこし、神の国日本の元気を回復することは難しいのです。それゆえに、このたび公武合体という政策を打ち出していますが、非常に疑わしいとおもっています。当時の幕府の役人との話の中で出た苦肉の策程度では、実現性も疑わしく、将軍家が天皇の意思を緩めたかのように聞こえてしまいます。これでは天下の志ある者が将軍家に対してどのようならみを抱くのかわかりません。どのようになってしまうのかと思いながら、日夜国難の落着を待っております。

いずれ薩摩、土佐、因州（因幡《いなば》）らの諸藩の藩主が合体に動き出すでしょう。ひとまずご参府も辞められて天下国家のため理非の議論をなし、悪賢い役人を神の国日本のため、幕府のために討ちほろぼすくらいでなくては、この策はなかなか徹底できないでしょう。ぜひとも参府の延期となるように取り持って下さるようお願いします。

○別の書状ですが、ご面倒かけますがお届けくださいますようお願いします。久坂玄瑞と益田弾正《ますだだんじょう》へ別書お送りください。おついででよろしいですが、そのようにお頼みします。

この頃の噂話を、ひとつひとつ収集し、政府へ当政府より送りますので、ご承知なさるべきことと存じます。（略）

18　閣老より差し出し候

木戸孝允から久坂玄瑞宛／文久三年（一八六三）七月二十一日

◇手紙解説

文久三年のこの頃木戸は、まだ桂小五郎と名乗っていた。長州藩を代表して外交を担当、まさに長州の顔であった。七月に上京し朝廷へ攘夷親征（天皇自ら出陣すること）を建議し、朝廷もこれを受入れ大和行幸《やまとぎょうこう》（攘夷祈願のための神武陵参拝など）を決定した。孝明天皇は攘夷決行を推進して風は長州に吹いていた。

ところが幕府はこれを阻止しようとやっきになった。長州の家老の益田弾正（親施《ちかのぶ》、一八三三～一八六四）は、かつて松陰に兵学を学んだこともあり、松陰門下生の高杉や久坂らの面倒をみた。益田は攘夷決行に際し、幕府に対する上申書の中で「朝廷に対しては忠節、幕府に対しては信義、祖先には孝道」という長州藩論を述べた。しかし、文久三年、孝明天皇に拝謁し、真木和泉守らと過激な尊攘運動に走った。手紙にあるように益田が旅館に訪ねた米沢藩主上杉斉憲《うえすぎなりのり》（一八二〇～一八八九）は長州寄りの人物で幕府閣老の考えを伝えていた。

文久三年八月十八日の政変で、急進派の公家三条実美ら七卿が長州勢とともに京都から一掃される前の手紙であり、攘夷親征に取り組む長州の動向を知る貴重な手紙である。

益田は禁門の変で長州が大敗したことにより幕府より責任を問われ、惣持院《そうじいん》で切腹を命じられた。

■手紙文

明朝にても御間隙《かんげき》ござ候わば得《とく》と御相談仕り候、尚御気付きもこれ有り候えば逐一承知仕りたく存じ奉り候間、御面倒ながら何分の御様子御一答願い奉り候、さて又今日弾大夫上杉御旅館へ参られ余程隙取り申し候、いかがの都合にこれ有り候哉、且つ又閣老より差し出し候書付弾大夫帰邸の上披見に相成り候哉、これ又いかがの御様子御承知にござ候わば、序《つい》でながら承知仕りたく存じ奉り候、そのため匆々頓首《そうそう》九拝

（文久三年）七月二十一日

塗抹《とまつ》の乱筆御推覧下さるべく候、拝　　広寒

江月斎老兄御密披

■訳文

あすの朝にでもお隙がございましたら、じっくりご相談しましょう。なおお気づきのことがあれば一つ一つくわしく知りたいと思います。御面倒ですが、なにとぞお答え下さるようお願いいたします。

さてまた本日、益田弾正（長州藩家老）が上杉斉憲の旅館へ参上し、相当手間取りました。どのような都合があったのか、かつ又幕府閣老よりの差し出された書付は、弾大夫（益田のことか）が帰邸の上で拝見することになっているのでしょうか。これまたどのような内容かを承知でしたら、ついでに内容も承りたいと思います。匆々頓首九拝

七月二十一日

文字を塗りつぶしたような乱筆推し量りご覧ください。拝　広寒

江月斎（久坂の雅号）様、秘かに読んでください。

山岡鉄舟《やまおかてっしゅう》

浪士取締役（一八三六〜一八八八）

父は旗本小野朝右衛門、字は猛虎といい、通称は鉄太郎、雅号は一楽斎と称した。十歳のとき父が飛騨郡代《ひだぐんだい》（幕府直轄領を支配した地方官）になり、その地で両親と死別し、江戸に出て槍の山岡家の養子となった。講武所入りし、剣客の千葉周作の尽力で世話役を務めた。幕府は清河八郎の発案で、京都の治安維持と上洛する将軍警護のため江戸で幕府浪士組を募集し、京都に送り込んだ。その際、山岡は浪士取締役を命じられた。

山岡の最大の功績は、戊辰戦争の際、討幕軍参謀西郷隆盛を駿府に訪ね、江戸城の無血開城の道筋を開いたこと。つづく彰義隊《しょうぎたい》（慶喜の警護部隊）の解散などに奔走したが、うまくいかなかった。

維新後は静岡藩権大参事、茨城県参事、伊万里県令、明治天皇の侍従を歴任した。その後、宮内少丞、宮内大丞、庶務内廷課長、宮内少輔を歴任した。その功績により子爵を授けられた。

剣を千葉周作に入門し、無刀流を創案し、のちに道場「春風館」を開いた。能書家で禅の言葉を好み、禅寺全生庵（東京都台東区）を創建した。幕末三舟とは、山岡鉄舟、勝海舟、高橋泥舟のことをいい、いずれも剣客で書、禅に優れていた。行年五十三歳。

19 尽忠報国の志

山岡鉄舟から池田徳太郎宛／文久三年(一八六三)正月

◇手紙解説

幕府は将軍上洛に際し、京都の治安維持のために江戸であふれる浪人を集め、幕府浪士組を結成し上洛させることになった。その募集の献策をしたのが清河八郎、募集の任務が山岡であり、手紙の宛先の池田徳太郎であった。募集には、関八州、甲州、越後のあたりは石坂《いしざか》周造《しゅうぞう》、池田が奔走した。当初は、浪人五十名ほどの募集を命ぜられていた。ところが石坂らはこの際五十といわず何千人でも構わない、幕府をアッといわせてやろうということになり、結局二百五十名ほどが集まってしまった。ほとんど無条件で募集したため、いささかひんしゅくをかう輩も応募してきた。

石坂は、清河の虎尾《こび》の会に入り攘夷思想を学んだ。石坂の妻桂子は、鉄舟の妻英子の妹であった。池田も石坂の同志であった。

■手紙文

今般非常の御時節に付き前紙の趣仰せ付けられ候間、尽忠報国の志を元とし、公正無二、身体強健、気力荘厳の者、貴賤老少に拘わらず御召し寄せに相成り候、尤間分処在の儀とも御召し寄せの上、その分に応じ御取立に相成り候間、近国中周旋、広く相募り申さるべく候、

亥正月

浪士取締役

山岡鉄太郎

池田徳太郎殿

■訳文

このたび、国難の非常事態につき前紙に書かれた旨をいいつけられましたので、国の為に尽す志ある者を本として、公平でかたよりがなく、健康で体力があり、気力が満ち、重厚でおごそかな心持の者、金のある者も貧しい者も、老いも若きもこだわらず募集することになりました。その力量に応じて取り立てになるので、近国中で斡旋し、広く募集して下さい。

亥正月

浪士取締役

山岡鉄太郎

池田徳太郎殿

壬生《みぶ》浪士《ろうし》組《ぐみ》幹部《かんぶ》(野口健司《のぐちけんじ》・永倉新八《ながくらしんぱち》・沖田総司《おきたそうじ》・土方歳三《ひじかたとしぞう》)

幕府が結成した浪士組は文久三年（一八六三）に京都へ入洛したが、浪士組を幕府から切り離し尊攘活動に利用しようという清河八郎の画策で、浪士組の多くは江戸へ向かった。しかし、近藤勇らは京都に残留する。京都残留組の芹沢一派、近藤一派は壬生浪士組と名乗り京都守護職お預かりになった。軍資金調達のため京坂の豪商から押し借りした。壬生・八木邸に屯所があった。京都守護職は畿内における指揮権を掌握していたこともあって、大いに利用した。壬生浪士組はのちに新選組となり功績を残した。

野口健司（一八四三〜不明）は、水戸に生まれ、芹沢鴨《せりざわかも》（水戸藩浪士）一派として入洛し、壬生浪士組のときに起きた大坂力士乱闘事件に加わっている。八月十八日の政変にも参加し、副長助勤《ふくちょうじょきん》を務めた。文久三年（一八六三）芹沢らが粛清されるとき、八木邸から逃走し、行方不明となった。

永倉新八（一八三九〜一九一五）は、江戸松前藩邸内に生まれた。岡田十松《おかだじゅうまつ》（吉利《よしとし》）に神道無念流剣術を学び、近藤の試衛館《しえいかん》道場では客分扱いだった。近藤らと浪士組の一員として入洛した。同じく副長助勤を務め、二番隊隊長として新選組四天王のひとりで、剣術師範を務めた。池田屋事件で活躍、鳥羽伏見の戦いに参加するも敗走した。甲州勝沼の戦いで近藤と袂をわかち、靖共隊《せいきょうたい》（靖兵隊などとも）を組織し会津戦争などで転戦した。維新後、北海道の樺戸《かばと》監獄（樺戸集治監《しゅうじかん》）の剣道師範となり、江戸でも剣道道場を開く。東京・板橋に新選組隊士供養塔を建て、「浪士文久報国記事」の新選組史をまとめた。小樽で病没した。行年七十七歳。

沖田総司（一八四四〜一八六八）は、江戸の白河藩邸に生まれ、九歳で試衛館に入門した。近藤勇、土方歳三らと浪士組として入洛し、副長助勤、一番隊隊長を務めた。剣術師範で池田屋事件に参加したが、戦闘中に喀血して屯所に戻った。慶応三年（一八六七）大坂で治療をうけたが、おもわしくなかった。鳥羽伏見の戦いで新選組は敗走し、江戸で病没した。行年二十四歳。

土方歳三は一二三頁を参照。

20　金子借用

野口健司・永倉新八・沖田総司・土方歳三から平野屋五兵衛宛／文久三年（一八六三）四月

◇手紙解説

京都守護職お預かりの壬生浪士組となったことで芹沢は新見錦《にいみにしき》（新家粂太郎《にいのみくめたろう》）、近藤らを引き連れ、大坂へ軍資金調達に出掛けた。京都守護職のお預かりとなれば応対にも気をつかう。

芹沢らが平野屋の主人の面会を申し入れた。大坂商人は目ざといから番頭に応対させる。芹沢は二百両の軍資金を要求したが、五両の包み金で済まそうとすると、番頭を恫喝した。驚いた番頭は奉行所へ相談すると、京都守護職の配下の壬生浪士組には丁重に応対するようにと役人にいわれた。ねばった末、ついに百両を借りることに成功する。

芹沢は京都の下村呉服店（大丸）でダンダラ羽織の隊服を注文している。芹沢の別名は下村継次という。下村と同姓だったことから代金を踏み倒したといわれている。永倉新八は平野屋と鴻池の軍資金調達を混同して伝えている。

■手紙文

岡山藩士本城新兵衛の写し

壬生浪士大坂平五にて金子借用の事

一亥四月、京師浪人組大坂平野屋五兵衛宅へまかり越し、金子借用証文等写し浪人共両三人、平野屋五兵衛宅へまかり越し、主人に対面致したき段申入れ候処、店の者まかり出応対に及び、今日は主人留守中にござ候間、御用の義私へ仰せ聞かされたき旨返答に及び候処、右金子借用致したきよし申し候に付き、何分主人帰宅の上相談、御答に及ぶべく旨申し候に付き、浪人共引き取り、その後もその後もまかり越し候処、又々留守中の義返答致し候よし、右に付き又々六、七人まかり越し、是非主人帰宅迄待ち合い申すべしとの事故大いに迷惑致し、その内御奉行所へも内々伺い候処、乱妨にても致し候えば召捕りの人数指し向け申すべく候えども、左様の事もこれ無きに人数差し向け候事相成り難く、自分対応如何にも平穏に談じ申すべくよし、内々御触れこれ有るのよし、右に付き番頭共応対にて金百両用達候よし、則ち左の通り証文差し入れ奉り候、

一金百両也

尽忠報国兵募のため、拙子共国事周旋仕る雑費等にて借用致し候、済方の義は攘夷一方の御警衛相立ち候上は返金申すべきもの也

文久三年亥四月

野口健司
永倉新八
沖田総司
土方歳之（三）

大坂
平野屋五兵衛殿

口上覚

別に左の通り添え書きこれ有り、

尽忠報国と表を鎊《かざ》り、天下浪人と申し偽り、向後金子無心申し入れ候者これあるに於いては、拙者共の旅宿へ一応談判に及ぶべく様挨拶致すべし、然る上は同者の内まかり出で、急度《きっと》埒明《らちあ》け申すべきもの也、

京都壬生役

亥四月　　浪士　　新見錦

近藤勇
芹沢鴨

大坂　平野屋五兵衛殿
右半切に認めこれ有り、
八木源之丞宅へ旅宿これ有り、

■訳文

岡山藩士本城新兵衛の写し

壬生浪士組が大坂豪商の平野屋五兵衛への軍資金借用の事

一亥の年四月、京都の浪士組が大坂豪商の平野屋五兵衛の店に来た際の、軍資金調達の借用証文の写し

壬生浪士組の三人が平野屋五兵衛の店を訪れ、主人に面会させろと申し入れて来たところ、店の番頭が出てきて対応しました。あいにく本日は留守にしております。ご相談の話は私が承りますと返答したところ、右の軍資金借用いたしたいと申すので、何分主人が帰りましたら相談し、お答えいたしますゆえにお許しくださいと申します

と、浪士組らは引き上げていきました。その後も何度となく訪ねてきますので、また主人は留守との返答をしました。その後、またまた六、七人で押しかけてきて、ぜひ主人が帰宅するまで待たせていただくといい大変迷惑しました。それで大坂町奉行所へも相談したところ、乱暴狼藉を働けば捕らえる人数を差し向けると申します。けれどもそういったこともないので、捕り手を差し向けることもできません。番頭が応対するにも平穏に応対せよと内々のお指図もあり、番頭も渋々応対して金百両を用立てました。それで左の通り借用証文をかわしました。

一金百両也

我々は尽忠報国の志の精神をもつ兵を募っております。私共は国のために奔走するためには、経費もかかるので軍資金調達として借用します。なお返済については、日本を守る攘夷のため警護に役立てたならばお返しいたします。

文久三年亥の年四月

野口健司
永倉新八
沖田総司
土方歳之（三）

壬生浪士組幹部

大阪
平野屋五兵衛殿
別に左のとおり添え書きがあります。
口上覚
尽忠報国の志と表をかざって、天下の浪人と偽って、この先金子の無心をする者があれば、私どもの旅宿へ一応かけあいに及ぶようあいさつすること。そういうことであるからには、我らの内から出向いてきっと物事のきまりをつけます。

京都壬生役
亥年四月　　浪士　新見錦
近藤勇
芹沢鴨

大坂　平野屋五兵衛殿
右のように半切に書かれています。
京都壬生の八木源之丞宅に屯所があります。

土方《ひじかた》歳三《としぞう》

新選組副長（一八三五〜一八六九）

武蔵国多摩郡石田村（日野市石田）の豪農土方義諄《よしあつ》の四男として生まれる。歳三が生まれる前に父が結核でなくなっていたので遺腹であった。変名は内藤隼人と称した。江戸で松坂屋へ丁稚奉公したが長続きせず、多摩に戻り家伝の薬「石田散薬」の行商をしながら剣術の腕を磨いた。近藤勇の試衛館の連中と幕府浪士組に応募し京都へ行った。京都残留組で壬生浪士組と名乗り、のち新選組の副長となる。同じ壬生浪士組で、乱暴狼藉を働いた芹沢鴨などの芹沢一派の粛清、新選組を名乗り志士密会の現場に斬り込んだ池田屋事件、油小路《あぶらのこうじ》事件（新選組と新選組から離れた御陵衛士《ごりょうえじ》〈高台寺党〉の抗争）に加わった。

隊内の綱紀粛正を厳しく取り締まり「局中法度」の掟をつくり、よく近藤勇を補佐した。近藤が墨染《すみぞめ》付近（京都市伏見区）で高台寺党の残党に鉄砲で狙撃され重傷を負い、大坂で治療を受けていたので、鳥羽伏見の戦いでは、土方が近藤にかわり指揮をとった。戊辰戦争の一つである甲州勝沼の戦いで敗れ、流山（千葉県）で近藤が捕えられたこともあり、その後は隊を再編した。会津戦争では斎藤一《さいとうはじめ》が指揮をとり会津新選組と名乗った。箱館戦争では箱館新選組を編成し善戦したが、箱館一本木で戦死した。新選組の誠の隊旗を押し立てて義を貫いた。行年三十五歳。

土方家と、次の手紙の宛先である佐藤家は姻戚であり、土方は佐藤家にあった剣術道場で天然理心流《てんねんりしんりゅう》の稽古に汗をながした。この手紙では八月十八日の政変と三条縄手の戦いに出動した際につけた鉢金（額《ひたい》を守るための鉄製の板）を送ると綴っている。

21 御所非常

土方歳三から佐藤彦五郎宛／元治元年（一八六四）四月十二日

◇手紙解説

土方の姉ノブの夫が、手紙の宛先の佐藤彦五郎であった。その義兄に、自慢の鉢金を、この添え状をつけて送った。八月十八日の政変で、会津藩から土方らの壬生浪士組に、御所警護につき出動要請があった。孝明天皇はこの働きに心を動かされ、武家伝奏（公家の役職の一つ）を通じ「新選組」の隊名を下されたと新選組隊士の島田魁《かい》日記にある。諸説あるが、こうして新選組を名乗ることになった。また、同月二十三日、福岡藩の勤王志士の平野国臣《ひらのくにおみ》（一八二八〜一八六四）ら捕縛のため三条縄手（京都市）で小競り合いがあった。鉢金にはそのときの斬り込まれた傷がつき、激戦をものがたっている。鉢金の裏には、「盡忠報国志土方義豊」と刻まれている。

平野国臣は、討幕運動に三条実美らと画策した。生野に挙兵したが敗走し捕らえられ京都に護送された。禁門の変の戦災の際に京都六角獄舎《ろっかくごくしゃ》で惨殺された。

土方の手紙は少ない。書風は米庵流《べいあん》（市河《いちかわ》米庵、江戸後期の書家）を好んで練習したという。鉢金と添え状は昭和二十五年ごろまで佐藤家に所蔵されていたが、その後、土方家へ贈られ現在に至っている。

■手紙文

覚

一はちかね　壱ツ

右は八月十八日御所非常、并《なら》びに廿三日三条なわ手のたゝかいに相用い候間、このはちかねは佐藤兄へ御送り申し上げ奉り候

子四月十二日

土方歳三

佐藤尊兄

■訳文

覚

一鉢金　一つ

右の品は八月十八日の政変、ならびに同月二十三日、三条縄手の戦いをした際、使用しました。この鉢金は佐藤彦五郎兄さんへお送り申し上げます。

子年四月十二日

土方歳三

佐藤彦五郎様

22 北野にては君菊

土方歳三から小島鹿之助《こじましかのすけ》宛／文久三年（一八六三）十一月

◇手紙解説

新選組きっての美顔の持ち主である土方は、無口でニヒルなイメージが俳優栗塚旭《くりづかあさひ》によってつくりあげられた。実像はもっと愉快に花街で遊んだのだろうか。手紙はこの追伸で、女遊びの自慢にしか写らない内容。京都島原は壬生の屯所から近く、隊士はよく遊んだ。祇園は敷居が高く、歳三からすれば高嶺の花。なかでも「一力《いちりき》」（一力亭）は外から拝むようなお茶屋である。こんなところへ死ぬまでに一度は登って散財したいと夢を馳せた。実際に遊んだことはなく、舞妓や芸妓の名も書けなかったのだろう。忠臣蔵の大石良雄（内蔵助）が伏見の「万亭」に上がり、遊んだことが仮名手本忠臣蔵で祇園にすりかえられ登場するようになった。大石の頃、祇園に一力は存在しなかった。「万」の文字を分けて「一力」となった。大広間は東西に床の間があり、上座、下座の区別がない。今では、奥に大石の絵と四十七士の小さな木像が安置されている。

北野は西陣の旦那衆が散財する花街で、上七軒《かみしちけん》の名で親しまれている。手紙には舞妓と書いてるが、舞妓ではなく太夫（遊女、芸妓の最高位）ではないか。大坂へ下り新町や北の新地でも遊んでいる。得意の俳句まで書き入れ、念のいれようである。

土方は美顔で花街でもかなりモテたらしく、名主の小島家に報告というより自慢をしている。

■手紙文

（略）尚々、拙義共報国有志と目がけ婦人しとい《（慕い）》候事、筆紙に尽くし難く、先ず京にては島原花君太夫、天神、一元、祇園にては所謂けいこ《（芸妓）》三人程これ有り、北野にては君菊、小楽と申し候まいこ《（舞妓）》、大坂新町にては若鶴太夫外《ほか》弐、三人もこれ有り、北の新地にては沢山にて筆にては尽くし難く、先ずは申し入れ候、

報国の　心（ろ）《ママ》を　忘るゝ　婦人哉

歳三　如何のよみ違い（略）

■訳文

（略）追伸、私ども国家のために力を尽くす有志を慕ってくる女性は、筆紙に書ききれないほどいます。まず、京都島原にては花君太夫、天神、一元。祇園にてはいわゆる芸妓が三人ほどいます。北野にては君菊、小楽という舞妓。大坂新町にては若鶴太夫のほかにも二、三人もいます。北の新地にては沢山いすぎて、筆にて書きつくせません。まずはお伝えします。

報国の　心を忘れる　婦人哉

歳三　如何の読み違い（略）

沖田総司《おきたそうじ》

新選組一番隊組長(一八四四〈一八四二の説も〉〜一八六八)

一説には、天保十三年(一八四二)江戸麻布の白河藩下屋敷で生まれたともいう。幼くして両親と死別した。幼名は宗次郎。日野八坂神社の奉納額には惣次郎、専称寺の墓碑は宗治郎、名主の小島為政日記には惣二郎と書かれている。二十五歳で病死している。

九歳で天然理心流の宗家近藤周助(のち周斎《しゅうさい》、一七九二〜一八六七)の内弟子となった。天才剣士として知られ、「天に象《かたど》り地に法《のっと》り、以て剣理を究める」と天然理心流の奥義を研鑽し、多摩地方の出稽古で腕をあげた。浪士組として近藤らと京都に入洛した。四代目宗家を継いだ近藤勇は、次は沖田に跡目を継がせたいと、まわりにもらしていたほどであった。新選組でも一番隊組長と剣術師範を務め、名実ともに新選組の顔であった。

思想的には中立で、次の手紙に出てくる山南敬助《やまなみけいすけ》(さんなんとも読む説がある)と気脈を通じていた。新選組幹部の山南は勤王派で隊内改革を目論んでいたが、土方と次第に反目するようになった。

山南が意見の対立からついに脱走した。新選組では局を脱すると切腹である。近江大津まで逃げたところで沖田が追いついた。逃げようと思えばいくらでも逃げることが出来たのに沖田と戻った。山南は新選組の中には、同調する隊士がいるはずと自信があったのだろうか。隊内で山南につく隊士はなく、前川邸の一室で土方の切腹に応じた。ただ介錯を沖田に頼み込んだ。沖田は山南の死を悼み、国許の佐藤彦五郎への手紙では、心苦しく伝えている。

23 山南兄去月廿六日死去

沖田総司から佐藤彦五郎宛/慶応元年(一八六五)三月二十一日

◇手紙解説

宛先の佐藤彦五郎は日野宿名主で、近藤勇が京都で活躍しているときも、天然理心流の試衛館のよき支援者であった。道場では沖田は内弟子として稽古に励み腕をあげていた。得意の技は三段突きで、目にもとまらぬ早業だったという。持病の労咳にあえぎながら、近藤、土方、永倉とともに新選組四天王と呼ばれ、一番隊組長、剣術師範をこなした。

手紙は、土方が日野に帰ることとなり沖田も一緒に同行する予定だったが、多忙を極め土方だけが東下することとなった。そんな中、西本願寺への屯所移転問題（諸説ある）で山南は脱走し沖田が連れ戻したが、局中法度により切腹させられた。前川邸の一室で二十三日に沖田が介錯を務めて切腹したが、二十六日と誤記し、日野の連中に説明しづらいことから、「ちょっと」と書き流している。土方の口から日野の仲間にどう説明されたのか伝わっていない。

■手紙文

手紙を以て啓上奉り候、暖気相増し候えども、皆々様ますます勇猛渡られ大祝至極に存じ奉り候、然らば去る月中書状差し出す処に候えども、段々御無沙汰仕り候段悪しからず御思召しこれ無き様願い奉り候、小子義始め、京都詰合士一同無事まかり暮し候間、憚《はばか》りながらこの段御安意《だんご》下さるべく候、就いてはこの度土方君初め外《ほか》両三人東下仕り候間、同々にて御機嫌伺いかたがた東下致し候筈に候えども、京都にても諸事身分相応御用向き繁多にて江府残念ながらいたし兼ね候間、委敷《くわしく》土兄より御聞取りの程、願い上げ奉り候、末ながら小野路、上溝辺へも別段書状差し出し（可）候所、何分急用故差し出さず候間、宜しく御伝声下さるべく候段、御厚情下され、山南兄去る月廿六日死去仕り候間、就《つい》でもって一寸《ちょっと》申し上げ候、右は時候伺いかたがた迄かくの如くにござ候、余は後便の時申し上げ候、恐々以上

三月廿一日　沖田総司

佐（藤）彦五郎様

何分申し兼ね候えども、稽古場の義は宜しく願い上げ奉り候　恐々

■訳文

書状をもって申し上げます。日増しに暖かくなってきましたが、みなさま益々お元気でお過ごしで大変よろこばしいことと存じ申し上げます。しからば先月中に手紙を差し上げるところでしたが、次第にご無沙汰をしておりますこと、悪しく思うことの

ないようお願いいたします。小生はじめ京都の新選組一同も無事に暮らしており、はばかりながらご安心ください。つきましては今度土方さんらほか三人が江戸へ下りますので同道し、ご機嫌伺いかたがた東下するはずでしたが、京都においても雑用で、身分相応に多忙を極め、残念ながら私は江戸へ下れません。くわしくは土方兄よりお聞き取りください。末筆ながら小野路村《おのじむら》（東京都町田市）、上溝《かみみぞ》（神奈川県相模原市）あたりへも特別の手紙を差し出すべくところ、何分の急用ゆえに出せませんので、よろしくお伝えくださることとご厚情感謝しています。山南敬助さんが先月二十六日死去されたことを、ついでながらちょっとお伝えしておきます。

時候伺いかたがたこのようなことです。ほかのことは後の手紙に申し上げます。

恐々以上

三月二十一日　　　　　　沖田総司

佐藤彦五郎様

何分申しかねますが、道場のことはよろしくお願い申し上げます。　　　恐々

24 宮川新吉公は我が同組にて

沖田総司から宮川音五郎《おとごろう》宛／慶応元年(一八六五)七月四日

◇手紙解説

この手紙は宮川音五郎宛てで、近藤勇の実兄で生家にあたる。新選組に参加するため上洛した宮川の分家筋にあたる宮川信吉《のぶきち》（一八四三～一八六八）が、沖田の一番隊に配属になったことを伝えている。

宮川信吉は、諱は頼温《よりあつ》と称した。近藤とは従兄弟同士で九歳下である。江戸隊士募集に伊《い》東甲子太郎《とうかしたろう》、斎藤一、藤堂平助らと上京した。近藤周助に天然理心流の手ほどき受けている。入隊九カ月後の十二月七日、新選組と海援隊が戦った天満屋《てんまや》事件で闘死している。文中の関田は府中の関田庄太郎といい、信吉とは幼馴染で、新選組に入隊を希望するも長男であることで断られた。荒物屋を営み「あぶらや」の屋号であった。新選組が江戸に戻り甲陽鎮撫隊《こうようちんぶたい》を名乗り、出陣するときの兵糧弾薬の調達をしたといわれる。沖田が一時労咳の療養に投宿していた。

■手紙文

前文御免下され候、然らば皆々様ますます御勇猛遊ばされ大祝至極に存じ奉り候、次に宮川信吉公は我が同組にて無事まかり有り候間、御分家様の方へも心配なく遊ばされ候様一寸申し上げ候、京都にても一同無事まかり有り候間、この段憚りながら御安意下され候、毎々恐れ入り候えども関田君方へも宜しく伝声下され候、尚々柳町方も宜しく願い上げ奉り候、余は幸便の時申し上げ候、草々不備

七月四日　　　　沖田総二（司）拝

宮川音五郎様

尚々時候御厭い遊ばされ候様重ねて存じ奉り候、

■訳文

前略失礼いたします。皆様には益々お元気で、お過ごし大変よろこばしいことと申

し上げます。次に宮川信吉さまが我が新選組の同組（一番隊）で無事にしております。分家様の方へもご心配なきようお伝え下さいますよう、ちょっと申し上げておきます。京都にても隊士一同無事に元気にやっております。このこと、はばかりながらご安心ください。たびたび恐れいりますが、関田（庄太郎）様へもよろしくお伝えください。なお柳町（試衛館）方にもよろしくお伝えお願い申し上げます。あとのことは、ついでの時に申し上げげます。草々不備

七月四日　　　沖田総司拝

宮川音五郎様

なお時節柄お体をおいたわりくださいますよう重ねて思っております。

近藤《こんどう》 勇《いさみ》

新選組局長（一八三四～一八六八）

武蔵国多摩の豪農宮川久次の三男に生まれた。通称は勝太といい、変名を大久保大和、字を東洲、外史と称した。天然理心流宗家の近藤周助の養子となり、試衛館道場の道場主で門弟を育て人望があった。江戸三大道場と違い、総合武術で芋剣法とまわりからよばれたが、多摩の名主への出稽古でその実力を認められた。

文久三年（一八六三）の浪士組募集の際、近藤は門弟を引きつれて加盟し入洛した。その後、近藤は京都に残留し壬生浪士組を結成し、京都守護職お預かりの身分を得て、その支配下となった。おなじく残留した芹沢鴨一派と軋轢を生じ、粛清して近藤、土方で組織をかためた。新選組となり池田屋事件、禁門の変で名声をあげたが、鳥羽伏見の戦いで幕府が破れ、甲州勝沼の戦いでも敗走した。その後、下総流山で新政府軍に捕らえられ、板橋で斬首、京都三条河原に晒された。行年三十五歳。

近藤は剣術の極意を気組みといい、実戦を重視した。土方の手紙にも登場している名主小島鹿之助は近藤の支援者であり、京都で起こった事件や隊内ことは手紙で逐次報告していた。

25 鉄鎖《てっさ》着込み

近藤勇から小島鹿之助宛／文久元年（一八六一）六月頃

◇手紙解説
文久元年四月二十日付の小野路村の名主小島鹿之助日記には「二十日、雨降、近藤勇来ル、綴帷士壱領《いちりょう》二圓（二両）相附置申候」とあり、小島は一着につき金二両を添えて二着の鎖《くさり》帷子《かたびら》を近藤に依頼していた。さっそく近藤は江戸の武道具屋でつくり小島に届けた。のち近藤が浪士組として上洛するに際し、一着を餞別に贈っている。この鎖帷子は六キロあり、現在は霊山歴史館の所蔵となっている。

■手紙文

向暑絶え難くござ候えども、弥《いよいよ》御清栄の義と恐賀奉り候、偖《さて》過日は度々参殿仕り、毎度御厚志を得、万々有り難く厚謝奉り候、且《か》つその時に御注文ござ候鉄鎖着込み出来致し候間、御預り置き申し候、右に付いては着込み下木綿、府中宿辺り迄御差し出し下され候わば、直様御着用相成り候様仕るべく候、委細の儀は追々参るを以て万端御咄に申しあぐべく候、憚りながら御同苗様始め皆々様へ然るべく御伝声伏してこいねがい奉り候、先ずは御用事のみ、草々不備

近藤勇

児（小島）鹿之介（助）様

兎に角時候悪くござ候間、折角御厭い成され候様こいねがい奉り候、末筆ながら橋本様へくれぐれも宜しく願い上げ候、併しながら恐縮の至りにござ候、早々以上

■訳文

暑さに向かい堪えがたくなりましたが、いよいよご清栄のこととお祝い申し上げます。さて、先日からたびたびお宅に寄せていただき、いつもご親切にしていただきあ

りがたく、厚くお礼申し上げます。なおまたその時にご注文の鎖帷子の着込みができあがりお預かりしております。右については着込みの下の木綿を、府中宿あたりまでお持ちいただければ、すぐさま着用できるようにしておきます。くわしいことはおいおいいらっしゃったときにすべて申し上げます。失礼ですが、ご一族の方々はじめ、皆々様へしかるべくご伝言をよろしくお願い申し上げます。まずはご用事のみ、草々不備

近藤勇

小島鹿之助様

とにかく時候が悪いので、無理せずお体を大切になさるよう願っております。末筆ながら橋本様へくれぐれもよろしくお願い申し上げます。しかしながら恐縮の至りでございます。早々以上

26 相撲取り弐、三拾人裸体

近藤勇から小島鹿之助宛／文久三年（一八六三）七月十八日

◇手紙解説

壬生浪士組の芹沢鴨、近藤勇ら隊士が大坂に下り、船着場八軒家浜《はちけんやはま》の旅宿京屋忠兵衛に投宿した。芹沢、山南、沖田、永倉、平山らが夕涼みのため京屋にある舟に乗って大川で舟遊びをしていたが、流れが速く、そこへ斎藤一が腹痛をおこし、鍋島藩邸の河岸に上陸し介抱した。北新地の住吉楼へ行くつもりでいたが、隊士らはみすぼらしいうえに稽古着姿、脇差を差していた。

大坂相撲興業を控えた小野川部屋の力士らが通りかかり、これをみてからかった。芹沢は相撲取りを斬り捨てるべきところであったが、殴りつけてその場はおさまった。

蜆《しじみ》橋へ差し掛かり、ひとりの相撲取りが橋の真ん中を歩いてきた。さきほどの一件もあり隊士と険悪な状態になり、芹沢は三百匁《もんめ》（約1キログラム）の鉄扇で端に寄れと相撲取りに指図したが聞き入れられず、鉄扇で殴りつけ住吉楼へいった。その後、相撲取りは八角棒に鉢金をつけて住吉楼を急襲。力士が殴りかかり、隊士もみな抜刀して応戦した。相撲取りは後で壬生浪士組とわかり恐怖したという。

大坂東町奉行所へは京屋を通じて届け出た。相撲取りも届け出たが、奉行所から隊士に尋問したい筋があると伝えると、芹沢はわれら京都守護職お預かりの身分、町奉行の支配は受けぬといった。一説には、相撲とり即死三人、負傷者十四人。隊士は無事であった。

相撲取りは喧嘩相手が悪かったと大坂相撲の年寄の熊川、山田川、千田川が芹沢に詫び状をいれ、清酒一樽と金五十両を贈った。以来、京坂の相撲興業に隊士も協力するようになったという。

■手紙文

（略）同三日、申の刻頃小舟に乗じ水稽古出舟いたし候処、いづれも稽古着、小脇差のみ舟入り、段々流れ随い下筋へ相下り、少し病人出来候間、処無く（拠《よんどころ》無くカ）上陸いたし住家へ立ち寄り手当いたし居り候処、素々稽古着、小脇差と相侮り候哉、相撲取り弐、三拾人裸体、頭巻、筋がね入りの樫棒を携え、理不尽に打ち懸り候間、止むを得ず事小剣祓いむなし打ち合い候処、拾四人も手負い候哉存じ奉り候、同志の内には壱人も薄手負い候物（者）もござ無く、一同無事にござ候、その節大坂表相撲興業これ有り候節、関取熊川熊次郎翌朝死去仕り候よし、他三人死にかゝり居り候よしござ候（略）

■訳文

（略）同三日、午後四時ごろに小舟に乗って、水稽古と称し舟遊びしていました。いずれも稽古の道着姿で、短い脇差を差したままで舟に乗っていました。だんだん流れにしたがい下流へ下りました。

急に病人がでました。仕方なくひとまず上陸して住家に立ち寄って介抱させてもらっていたところ、稽古着に短い脇差のみの姿をみてあなどったか、相撲取り二、三十人が裸姿で、頭巻きに筋金入りの樫の棒をたずさえて理不尽に打ちかかってきたので、やむをえず脇差を抜き払い喧嘩となったところ、十四人ほど負傷したようでした。我ら同志はひとりも負傷した者はなく、一同無事でした。

――その時分は大坂相撲興業があった時で、関取の熊川熊次郎が翌朝に死んだとのこと、ほかに三人死にかかっているということでした。（略）

松平容保《まつだいらかたもり》

会津藩主（一八三六～一八九三）

美濃国高須藩主松平義建《よしたつ》の六男として江戸高須藩邸で生まれた。通称は銈之允《けいのすけ》、肥後守といい、雅号を祐堂、芳山と称した。のち会津藩主松平容敬《かたたか》の養子になった。公武合体を推進した。

京都守護職の臨時職を設け、幕府は松平容保に要請したが、当初、会津藩はその内命を固辞した。理由は京都と会津は遠距離にあり、経済的にも負担が大きく破綻もしかねない。さらに容保は病弱で体力も不安であった。しかし、文久二年（一八六二）八月に就任し正四位下に進められ、とくに孝明天皇は容保の純真な心にうたれ信任が厚かった。

八月十八日の政変では、薩摩藩と協力して長州勢力を京都から一掃した。池田屋事件を端に長州は禁門の変を引き起こしたが、会津は善戦し京都の治安を守った。第一次幕長戦争は長州の幕府に対する恭順でおさまったが、第二次幕長戦は幕府軍の足並みがそろわず統率力がなくなった。あくまで容保は強行論を唱えたが、将軍家茂は死去し将軍となった慶喜は中止してしまった。大政奉還、王政復古で幕府は崩壊した。さらに会津藩は鳥羽伏見の戦い、会津戦争で敗れた。維新後は、容保は徳川家康を祭神とする日光東照宮の宮司となった。行年五十九歳。

容保は純朴で、徳川家を建て直せる人物は容保しかいないと、元福井藩主松平春嶽から京都守護職を要請され、受けた。

27 京地の様子申し上げさせたく

松平容保から松平春嶽宛/文久二年(一八六二)十一月二十六日

◇手紙解説

文久二年七月二十七日、幕府は緊急時のため京都守護職を設置した。この役職は千名の兵を京都に在中させ、将軍上洛の警護と京都市中の治安維持が目的であった。さらに畿内における指揮権をも有する激務であった。松平容保は体が弱く、また会津藩の経済力ではとても務まるものではなかった。藩内でも反対する者が多く、容保もこの役職を固辞した。特に家老の西郷頼母《さいごうたのも》（一八三〇～一九〇三）は「藩をつぶす気か」と容保にせまった。

会津藩士は寡黙で忍耐強い、そこへ徳川に対して忠誠心がある。幕府は「容保に京都守護職を命ず、これは台命《たいめい》であるぞ」と申しつけられた。台命とは将軍、三公の左大臣、右大臣、内大臣などの命令をいう。要するに立場上、固辞できないことであった。

同年閏八月、容保は正式に京都守護職に就任した。役料は毎年蔵米三万俵であった。このとき七月九日に幕府が新設した幕府政事総裁職の松平春嶽が「御内願筋などは小生（春嶽）が尽力申し」と、引き受けたあとは春嶽に任せてほしいと述べた。

この手紙は、容保が入洛にあたって状況がわからず不安でならなかったときのもの。そこで春嶽へ時局に対して相談にのってほしい旨を伝えている。春嶽と山内容堂《やまうちようどう》（豊信《とよしげ》、一八二七～一八七二）は気が合う。容堂は公武合体推進派として動いていた。薩摩の島津久光が七十七万石の財力にあわせ京都守護職の地位を狙っていた。久光は自ら国父と名乗り朝廷へも働きかける。幕府の一部を外様に牛耳られては、と幕府のメンツを考え、ここは親藩の会津に期待をよせた。
　この内容は幕府が非常に苦悩する中で、容保の入洛前の複雑な心境をあらわしている。容保は同年十二月九日に江戸を発ち、二十四日入洛し着任した。

■手紙文

　急ぎ急ぎ申し上げ候、今日家臣参殿の義御断り、御家来より申し参り委細承知仕り候、然る処相成るべくは少しも早く京地の様子家臣より申し上げさせたく、容堂殿小生参上いか様の御用向きか計らず候えども、彼三郎一条に候わば、先ずその御相談前に愚臣より京地の様子申し上げさせたく、何とか御勘考下され候様希い奉り候、

早々頓首

　　霜月念六

　　　定文言

文久二年壬戌十一月廿六日

春岳（春嶽）様　　　　肥後守

■訳文

取り急ぎ申し上げます。本日は（私の）家来が（春嶽様の）お屋敷へ訪問の予定でしたが、（春嶽様の）ご家来が断りをいってこられ、万事承知いたしました。しかしなるべくなら、少しでも早く京都の情報を家来よりご報告させたいとおもいます。山内容堂殿（のところに）に私が参上します。どのような用件かわかりませんが、あの島津久光の一件のこととおもいます。まずはそのご相談の前に私の家来より、京都の情報を申し上げさせたいのですが、何とかよくお考え下さるようお願い申し上げます。

早々頓首

霜月念六（十一月二十六日）

定文言

文久二年壬戌十一月二十六日

松平春嶽様　　　　松平（肥後守）容保

乃《の》美《み》織《おり》江《え》

長州藩士（一八二二〜一九〇六）

父は乃美八郎右衛門。通称は亘《のぶる》、幸之進、半兵衛といい、諱は宣忠と称した。萩藩の記録所出頭役見習として江戸に一年行く。嘉永六年（一八五三）、長崎へロシア艦が来航したため出張を命ぜられ、帰藩して来航図を村田清風《せいふう》（長州藩士）に見せたところ大変驚かれたという。その後、相州防備を命じられる。文久二年（一八六二）に上洛して目付役、京都留守居助役になり公武周旋に努める。帰藩し藩校明倫館目付役。京都留守居役に転じ、池田屋事件、禁門の変の処理に木戸孝允（桂小五郎）とあたった。維新後は山口藩大属、兵庫の伊弉《いざ》諾《なぎ》神社宮司を務めた。萩で病死。行年八十五歳。

池田屋事件の時は長州藩留守居役で、事件の当夜、志士に藩邸へ逃げこまれてはあとあと面倒であると考え、門を固くとざした。木戸が行方不明になると、死亡したと藩に報告してしまったという。

この手紙の文面も池田屋事件についての内容で、乃美は長州藩を少しでも有利にと考えていた。長州には長州のやり方があるとおもったのだろうか。その最後の処理は結局、木戸がぬぐうことになった。長州の裏面史を垣間見るような気がする。

28 不意に斬殺

乃美織江から一橋慶喜宛／元治元年（一八六四）六月九日

◇手紙解説
池田屋事件の際、長州藩京都留守居助役の乃美織江が、将軍後見職一橋慶喜に対し抗議して、責任の所在を訴える上書を書いたものである。これには京都守護職松平容保や新選組の名をひとつも使わず、一切の責任は幕府にあると不当性を追求している。

あえて長州藩主毛利敬親と松平姓を使っているが、そこに真意が見え隠れする。松平姓は徳川幕府の権威を誇示するため、徳川家と姻戚関係であるかのように大藩の藩主に特に許した関係があった。

池田屋事件を単に志士の死闘に終わらせたくなかった。長州藩と幕府との事件にしたて、長州藩を有利にしようと画策したのだろう。乃美はそこを強調し徳川家の者をなんで斬殺したのか直接責任者から詳しく聞きたいというのである。これに対して当然ながら慶喜からの回答はなかった。

乃美は文久二年（一八六二）、長州藩京都留守居役に抜擢されたが、その後、十一歳年下の木戸孝允（桂小五郎）が京都留守居役に就任したため、助役に降格された。池田屋事件の際は、藩に累が及ぶのを恐れ門を閉ざした。

事件翌日には、藩邸前で長州藩士吉田稔麿の遺骸を見つけ本藩へ報告、このとき木戸も闘死したと伝えてしまう。しかし、対馬藩士から木戸が対馬藩邸に庇護されていると聞かされ、乃美は今度は、木戸は池田屋から屋根づたいに対馬藩邸へ逃げ込んだと報告した。しかし実際は屋根がつながっておらず、ひんしゅくをかった。

禁門の変では、率兵上京してきた家老福原越後《えちご》が孝明天皇に直訴すると相談したところ、慎重論を訴えまわりから無視された。そこで大酒を飲み、長州が敗退するのを聞くや藩邸に火を放ち、西本願寺に逃げ込むが会津兵に包囲され自刃しようとしたところ、僧侶にとめられ大坂へ落ち延びたとし、藩内ですっかり信用をなくしたという。あまりいい話がない人物である。

■手紙文

尊壌（攘）の志を抱き候浪士の者共、奸賊同様無残捕縛いたし候様、彦根、会津、其外一橋卿より御差図在らせられ候様子にて、猥《みだ》りに旅店その外へ乱入、更に一言の糺向きもこれなく暴に斬殺等致し候由、弊藩においても兼て姓名等附出し置き候者、捕縛或いは不意に斬殺せられ候類、未だ行衛相知れず者もこれあり候処、御惣督よりの御差図在らせられ候、ついては如何の御不審に候哉、いづれに候か前もって承知在らせられ候義と存じ奉り候につき、何卒右御旨趣の程、逐一仰せ聞かされ候様願い奉り候事

六月九日

松平大膳太夫内

乃美織江

■訳文

尊王攘夷の高邁な志をもって行動している浪士に対し、奸賊と同様にみさかいもなく無残に捕えるように、彦根藩、会津藩らほか一橋慶喜公より命令が出されたようですが、正当な理由なしに旅宿、その他に乱入して、さらに一言の罪科も糺さず無法に斬り殺したこと、わが藩においてもかねてより姓名など控えておいた者、捕縛あるいは不意に惨殺された者、いまだ行方しれずの者もあり、どうなっているか調べるよう総督からのご命令がありました。ついてはどんな不審があったのでしょうか。いずれにしても前もって承知しておられたとおもいますので、どうか右の理由のほど一つ一つ順を追ってお聞かせください。

六月九日

松平大膳太夫内（毛利敬親）

乃美織江

大村益次郎《おおむらますじろう》

長州藩士（一八二四〜一八六九）

父は地下医村田孝益《たかます》で、周防国吉敷郡鋳銭司村《よしきぐんすぜんじ》（山口市）に生まれた。通称は宗太郎、蔵六といい、雅号は良庵と称した。家業は代々村医で一時村医を務めた。天保十三年（一八四二）、三田尻の梅田幽斎《うめだゆうさい》（蘭方医）に医学と蘭学を学び、洋学に関心を抱いた。その後、豊後（大分県）の儒学者広瀬淡窓《ひろせたんそう》の私塾咸宜園《かんぎえん》に入門、さらに大坂の蘭学塾の適塾に学び、秀才ぶりを発揮し塾頭となった。

嘉永六年（一八五三）宇和島藩に招聘され、蘭書の翻訳と西洋兵学を教えた。江戸に出て蘭学塾の鳩居堂を開く一方で、洋学研究所の蕃書調所《ばんしょしらべしょ》教授方手伝、兵学で講武所《こうぶしょ》教授となった。長州藩内に蘭学を広め、西洋学兵学教授となり山口普門寺塾で教えた。

学問好きで豆腐をさかなに酒をのみながら兵学書を読んだ。塾生が挨拶すると不機嫌になり、無駄口を極端に嫌った。兵学の論争になると、一歩も譲らず顔を真っ赤にして力説したので、高杉晋作から〝火吹きだるま〟と名づけられた。幕長戦争では石州口総参謀を務め、つねに頭脳的作戦で勝利した。藩校の明倫館兵学寮で兵学を教え、西洋調練を熱心に指導した。

維新後は軍防事務局判事加勢を命じられ、軍政改革に着手し親兵の再編に取り組んだ。上野彰義隊の戦いで、天候などを読み短期間で鎮圧し軍神とよばれた。兵部省の兵部大輔となり兵制改革で士族の反感をかい、京都で同じ長州人に斬られ、それがもとで療養中に死亡した。行年四十六歳。

この手紙は、江戸城明け渡しに際し、大村が軍防事務局判事の職柄、静寛院宮《せいかんいんのみや》（和宮）の処遇にも関わっていたことを示す。このような史実は今まで知られていなかった。

29 静寛院宮御荷物

大村益次郎から西四辻《にしよつつじ》少将宛／明治二年(一八六九)正月十三日

◇手紙解説

江戸開城にともない静寛院宮は清水邸に移られ、さらに京都へ戻られることとなった。大村は荷物を船で運ぶ手配を受け持つこととなった。

明治二年正月十八日、静寛院宮一向は東海道を京都へ向った。二月三日、京都に帰着したが御所へ入る訳にはいかず、聖護院御殿を仮住まいとされた。なお、西四辻公業は勤王派公家で明治天皇の歌道師範を務めた歌人でもある。明治二年には大阪府知事に就任し、府下に百二十以上の小学校の設置を決めた。教員は全国の士族から優秀な人材を公募した。

■手紙文

過刻静寛院宮御荷物員数の儀、御間に合い仕り候処、右は益次郎出勤これ無き前にて、昨日仰せ越され候旨と承知仕らず申入れ候、依って御荷物員数書に及ばず候、尚

大村益次郎

又日限の儀は来る廿日頃迄には出帆の含みに候、この段御承知のため申入れ候也

正月十三日

尚々出帆日限相決し候わば、是より申し上るべく候、　以上

大村益次郎

西四辻少将殿

■訳文

先ほど、静寛院宮様のお荷物の数のこと間に合いましたが、これは益次郎が出勤する前のことで、昨日いってこられたことと知らず申し入れました。よってお荷物の員数書は不要です。なおまた、日限のことは、来る二十日ごろまでには出帆するつもりでいます。このことお知らせのため申し入れました。

正月十三日

追伸　出帆の日限が決定したならば、こちらから申し上げます。以上

大村益次郎

西四辻少将殿（西四辻公業）

中山忠光《なかやまただみつ》

公家（一八四五～一八六四）

准大臣中山忠能《ただやす》の七男に生まれた。幼少より活発な性格で、その後も過激派志士と行動をともにすることが多かった。文久二年（一八六二）公武合体のために皇女和宮の将軍家茂への降嫁問題がおこるや、急先鋒となって排斥運動をおこした。文久三年二月、朝廷内に国事御用掛を補佐する国事寄人《こくじよりうど》の職制が新設されるや、十九歳の若さで列した。

孝明天皇は親幕派だったが、公家の多くは攘夷派が大勢をしめていた。忠光は密かに長州勢と気脈を通じていた。さらに同志とともに関白鷹司輔熙《たかつかさすけひろ》のところに行き、攘夷決行の期限を迫った。隠れて長州へ走ったため、官位返上して森俊斎と変名し、外国船砲撃に加わった。長州藩士を連れ久留米藩へ赴き、久留米神官の真木和泉守が投獄されているのを、藩とかけあい釈放させるなどの行動派であった。この頃、京都では攘夷派の勢力にかげりがみえたことを知り、京都に戻り攘夷派の久坂玄瑞、吉村寅太郎と攘夷親征の実現に向けて奔走した。

文久三年八月十三日、大和行幸の詔が発せられるや、その先駆けにと吉村寅太郎らの天誅組にまつりあげられ大和に義挙し、討幕の兵をあげた。京都では八月十八日の政変で急進派公卿は挫折し、天誅組も農民一揆扱いされ幕府軍に敗れた。忠光は虎口を脱し長州にのがれたが、長州の政情も変わり刺客に襲われ亡くなった。行年二十歳。

手紙の中で、忠光は攘夷運動に真剣に取り組み、長州藩に亡命した経緯が綴られている。

30 夷船襲来

中山忠光から大庭《おおば》伝七《でんしち》宛／元治元年（一八六四）八月六日

◇手紙解説

天誅組の首領中山忠光は大和に蜂起したが破れ、長州藩大坂屋敷に逃れた。海路下関に下り、再起をかけ豪商白石正一郎《しょういちろう》に庇護された。手紙の宛先の大庭伝七は正一郎の実弟である。支藩長府藩は本藩から忠光の保護を頼まれた。

元治元年七月九日、上畑（下関市）の常光庵に忠光は移された。その後、長州藩は禁門の変で敗れ、外国船の襲来を受け、幕府に恭順をしめした。そこで忠光は二十六日、寺を脱けだし長府での外国船との戦いに参戦しようとした。大庭らは慌てて忠光を探した。黒井に滞在していた忠光に行動を諫め、寺に戻るよう説得したが、なかなか承服しなかった。

この手紙は、戦いに参加する旨の決意を述べ、その返答を大庭に至急よこすよう求めている。藩論は幕府への恭順に傾き、忠光の行動は迷惑そのもの、ついに豊浦郡田耕村（下関市）で十一月十五日、何者かに暗殺された。

■手紙文

忠光旧冬来、長々御世話に相成り居り候処、天下の時勢、次第に切迫の趣に風聞承り、実に苦心の処、夷船襲来、且つ追々合戦のよし伝承仕り、付いては元来不肖を帰（顧）り見ず、唯々攘夷の叡慮《えいりょ》遵仕奉り亡命の事故、今日の次第傍観いたし居るに堪え兼ね、出陣の心得にて、只今黒井迄出向き候処、大専寺へ申し渡され候趣承り候に付き、則ち黒井にて止り居り候えども、前文の次第故、早々出府の心得にこれ有り候、この義然るべく御聞取り下さるべく様頼み存じ候、若しこれ迄通り因順（循）に屈し居るべく様との御事に候えば、致し方これ無く候えども、忠光当所一足も引く事は致さず候、何分前文の次第早速に御答え承りたく候、

仍《よっ》て件《くだん》の如《ごと》く候事

八月六日亥剋（刻）出　忠光

別紙の通りに候間、早々返答承りたく候也

八月六日　忠光

大庭伝七殿

■訳文

忠光、旧冬来、長くお世話になっておりますが、世の中の状況は次第に緊迫するやに聞きおよんで、実にあれこれと心を使っているところへ、外国船が襲来し、かつしだいしだいに戦争になるとのように伝え聞いております。ついてはもともと不肖をか

えりみず、ただ外夷を打ち払うという天皇のお考えをうけたまわり、長州へ亡命したのですから、今日の成り行きを傍観しているのに耐え兼ね、出陣する心づもりで、ただいま黒井まで来ましたところ、大専寺へ申し渡されたことの内容を承り、すなわち黒井にてとどまっておりますが、前文の成り行き故、早々に出府の心づもりです。このことをお聞き取り下さいますよう、お頼み申し上げます。もしこれまでどおり、古い習慣にしたがい改めようとしなければ致し方なく、忠光この場所を少しも引くことはしません。前文の成り行き、さっそくお答を承りたく存じます。

右に記したとおりです。

（元治元年）八月六日午後十時ごろ出す。　忠光

別紙の通りです、至急ご返答承りたく存じます。

八月六日　忠光

大庭伝七殿

大久保利通《おおくぼとしみち》

薩摩藩士（一八三〇～一八七八）

父は薩摩藩士大久保利世《としよ》で城下高麗町（鹿児島市）に生まれた。通称は正助、一蔵など。幼い頃から西郷隆盛と遊び仲間であった。十七歳で記録所書役助として出仕した。父が薩摩藩のお家騒動である「高崎崩れ」に連座したため失職した。藩主に島津斉彬がなると復帰し、西郷らと藩の改革を推進した。藩主斉彬が急死するや同志四十名と脱藩を企てたが、藩主忠義の諭書によってあきらめ、誠忠組を組織した。忠義の父久光は国父とよばれており、そのもとで挙藩一致の公武合体を推進することになった。

文久元年（一八六一）、将軍の日常の雑務を担当する小納戸《こなんど》になり、小納戸頭取並びに側役に栄進した。その後、寺田屋事件、生麦事件、薩英戦争、禁門の変、第一次幕長戦争で幕府の失政を痛感し、西郷らと反幕の道を選ぶようになった。日本近代化を模索する薩長同盟を、西郷と長州の木戸孝允の合意のもとで締結した。その結果、討幕運動に拍車がかかった。大政奉還から王政復古の間、岩倉具視と気脈を通じた。この時、岩倉は朝廷改革の必然性を感じていたという。

維新後、明治政府では参議となり、版籍奉還、廃藩置県をなしとげ大蔵卿となった。岩倉使節団では副使になり、米欧を視察してドイツのビスマルクに会い傾倒した。帰国後、内治優先を唱え征韓論派と対立し、西郷とも袂を訣別した。殖産興業をすすめ、自由民権運動や不平士族の乱、西南戦争で辣腕をふるった。明治十一年（一八七八）石川県士族島田一郎らによって東京の紀尾井坂で暗殺された。行年四十九歳。

よく、西郷が幕府の旧態を破壊し、大久保が近代日本の新築を建てたといわれる。薩摩が動けば日本がかわる。王政復古の前夜の岩倉の存在がなければ、日本の近代化はなかったであろう。

31 形行《なりゆき》御噺申し上げ候

大久保利通から西郷隆盛宛／慶応三年(一八六七)十二月二日

◇手紙解説

慶応三年五月、兵庫開港や長州処分について、土佐藩の山内容堂（豊信）、宇和島藩の伊達《だ》宗城《てむねなり》、越前福井藩の松平春嶽（慶永）、薩摩藩の島津久光ら雄藩実力者に、徳川慶喜を加えた四侯会議が設置されたが、思うようにはかどらなかった。四侯会議は政治の主導権を慶喜から雄藩連合側へ奪取しようという薩摩藩の目論見であった。

岩倉具視は公議政体論をもとに西南雄藩で武力討幕の道を模索していた。どの藩が主導するかと考えると薩摩しかなかった。

この書状は薩摩の大久保利通と西郷隆盛が、王政復古を実現するため岩倉と画策する貴重な内容である。薩摩の藩内には慎重論もあり、これをおさえるために岩倉を通じて「討幕の密勅」の降下を求めた。十一月に入り薩摩、芸州、尾張、越前が入洛した。

大政奉還を徳川慶喜に決断させたのは、土佐老公の山内容堂だった。坂本龍馬が土佐の後藤象二郎《ごとうしょうじろう》に示した「船中八策《せんちゅうはっさく》」（新国家体制の基本方針）を後藤が容堂に進言したことによるものだった。龍馬は幕府を倒すには武力によらない政権返上を目論み成功したが、その直後に暗殺された。そのためにも慶喜擁護派の容堂を会議に引き出さなければならなかった。ところが容堂の船が暴風に遭い、思うように入洛できない様子に、大久保はやきもきした。王政復古の御前会議は十二月八日に予定していたが、後藤から二日間の延期の申し入れがあり、結局一日遅れの九日に開かれた。

前夜の岩倉は御所の南の自邸に薩摩、土佐、安芸、尾張、越前の重臣らを集め、事前会議を開き王政復古の実現に向けての賛同を得ようとしていた。まだこの時点では新政府の役人から徳川家の一掃は決まっていなかった。当然、会議は大荒れになることは予測されていた。摂政二条斉敬《にじょうなりゆき》が朝議を開き、岩倉や三条実美ら五卿、長州の毛利父子の赦免や官位復権を認めた。ついに王政復古の大号令が発せられ、天皇親政が実現したが、岩倉や薩摩の西郷や大久保の根回しが大きく貢献していたのである。

■手紙文

御示談の通り岩公へ申し上げ後藤へ引き合い、只今罷り帰り申し候、然る処小夫共引き取り後、大坂より着船の旨一左右《いっそう》相違し候由、何分此の節柄人数十分繰り出さず候わでは相済まずとの論にて、一運漕は人数のみ乗り込み、取って返し直ちに容堂公御乗舟と申す運びの処、航海中風濤《ふうとう》に逢い死人迄これあり候由、然《しか》し乍《なが》ら御上京の儀は、万々相違なき旨相達し申し候次第にて、今晩直様福岡下坂いたし、明日早々に開帆直ちに御乗船にて御上京の御運びに、此の上は間違いこれなく候、依って船借用の儀は、右次第故夫に及ばずと相考え候得共、若し器械等相損じ候て航海出来難く候節は、御拝借願い奉りたき趣、明早天《そうてん》参上 旁《かたがた》御願談じ申し上げたき含みに候処、図らずも小生参り候に付き、形行御噺申し上げ候。尚明日は参上の上御礼申し上ぐべきとの事に御座候、此の段参を以て申し上ぐる筈に候得共、御免を蒙り紙上にて、早々頓首

十二月二日夜

本文尚亦懇願も承り候え共、いずれ明日拝上申し上ぐべく候、

○大坂の方は別段先ず懸念に及び申すまじく存じ申し候

西郷吉之助様

大久保一蔵

■訳文

打ち合わせの通り岩倉具視公へ申し上げ、後藤象二郎へ問い合わせ、只今帰りました。そのようなところ、大坂より着船の事、便りが届きました。何分この時期に人数を十分繰り出せなくては済まないとの意見で、第一便は人数のみ乗り込み、とって返して直ちに山内容堂公が乗船される運びとなっているところ、航海中に風浪にあい死者まで出ているようです。しかしながら上京（京都）のことは、全く間違いない旨を伝え申した次第で、今晩すぐさま福岡孝弟は大坂へ下り、明日は早々に船の帆をあげ、直ちにご乗船してご上京の運びとなること、間違いありません。よって船借用の件は、右の成り行きゆえに、それにはおよばないと考えていますが、もし、機械などが壊れれば航海でき難く、そのときは拝借をお願いしたい旨、あくる早朝に参上かたがた願い相談申し上げたいと考えていたところ、おもいがけず私、大久保が参りますので、成り行きをお話申し上げます。なお明日は訪問の上御礼申し上げるべきとのことです。このことを訪問してくわしく申し上げるつもりでしたが、ご免をこうむり、書面にてお知らせします。早々頓首

十二月二日夜

本文なおまた懇願も承っていますが、いずれ明日お会いした上で申し上げます。

○大坂の方は今のところ別に心配するには及ばないと存じます。

大久保一蔵（利通）

西郷吉之助（隆盛）様

安《やす》富《とみ》才《さい》介《すけ》

新選組隊士（一八三九年～一八七二）

備中足守藩（岡山）の足守に生まれた。才助、才輔の表記がある。元治元年（一八六四）に新選組に入隊した。大坪流馬術の名手という。甲州勝沼の戦いにも参戦し流山から会津戦争にも加わった。会津新選組隊長の斎藤一に次ぐ副長役となった。箱館戦争では陸軍奉行添役となり、大鳥圭介や土方歳三の側近として活躍した。土方の戦死を故郷の実家に伝えた。維新後は弘前（青森）耕春院で謹慎した。のち放免となり、その後は不明。行年三十五歳と伝わる。

安富は土方歳三の側にいてともに戦い、生死の境をさまよいその終焉を見届けた。それは新選組の崩壊でもあった。

32　箱館瓦解

安富才介から土方隼人宛／明治二年（一八六九）五月十二日

◇手紙解説

新選組隊士の安富才介が土方の最期を手紙に認め、追悼句も添え土方家へ隊士の立川主税《たちかわちから》（一八四〇〜一九〇三）に託した。安富は、甲州勝沼の戦いの敗走後から箱館戦争まで土方とともに行動し、信頼をよせられ、箱館新選組では陸軍奉行添役となった。

土方の戦死の場所については定説の一本木はじめ、鶴岡町、異国橋と文献には諸説あるが、最も有力視されているのが手紙にあるように一本木関門である。

立川は敗走していた安富と大島寅雄から千代ヶ岡（千代ヶ岱《だい》）陣屋（函館市）で土方の死を聞いた。土方は額兵隊《がくへいたい》（仙台藩で結成された洋式艦隊）を率いて一本木関門に出陣したところへ、後ろの七重浜《ななえはま》から新政府軍が攻めてきた。これを見事に撃退し一本木関門へ引き返してきたところ、銃弾にあたり戦死したのである。

■手紙文

一筆啓上仕り候、向厚（暑ヵ）の節にござ候えども、揃いなされ御安泰賀し奉り候、然らば土方隊長御義、江戸脱走の時伝習第一大隊を率い、野州宇都宮に戦われ、その後戦の時手負い、会津に御養生御全快、同所東方面を司られ、後同所瓦解の時入城成り兼仙台に落ち、同所大君に御逢いこれ有る説（節）刀を贈られ、奥州福島へ御出張の筈、又同所国論生まれ、通に止む、辰十月榎本和泉守殿に誓い、蝦夷に渡られ、陸軍奉行並びに海陸裁判を司られ、後巳の四月瓦解の時、二股と云う処に出張大勝利、その外《ほか》数度戦い、松前表街道利これ無くて遂に引き揚げ、同五月十一日箱館瓦解の時、町筈（外）れ一本木関門にて諸兵隊の指揮遊ばされ、遂に同処にて討死せられ、誠に以て残念至極に存じ奉り候、拙者義、未だ無事、何の面目これ有るべき歟《か》、今日に至り俄に籠城の軍議相定り、何れも討死の覚悟にござ候、付ては立川主税義、終始付添居り候間、城内を密かに出し、その御宅へ右の条々委細御物語致し候様頼みたき存念にござ候、何れその御宅へ罷り出候間、左様御承知下さるべく候、右は城中切迫取紛れ、乱筆御用捨下さるべく候、先はお知らせのためのみ、別に貴意を得、かくの如くにござ候、恐惶謹言

安富才介
正儀（花押）
五月十二日
土方隼人様
猶以て折角御時（自）愛御厭い、且《か》つ御目に掛り申し上げず候えども、御惣客様方へよろしく仰せ上げられ下さるべく候、
隊長討死せられければ
早き瀬に　力足らぬか　下り鮎
五月十一日朝四ツ時
一本木鶴岡町
土方討死
附添

■訳文
お手紙差し上げます。暑さに向かう季節ですが、皆様はご無事ですこやかにお過ごしのこととお喜び申し上げます。しからば、土方隊長についてですが、江戸を脱走し

たときは伝習第一大隊を率い、野州《やしゅう》（下野国）宇都宮で戦い、その後の戦いのとき負傷しました。会津で治療養生し全快し、同所の東の方面を守り、同所瓦解した時は入城（会津若松城）できず、仙台に落ち、同所藩主にお逢いになった時、刀を贈られ奥州（陸奥国）福島へ御出陣のはずでした。また同所（仙台）の国論が起こり、行くのを止めました。辰（明治元年）十月、榎本和泉守殿（武揚）に誓い蝦夷地（北海道）に渡り、陸軍奉行ならびに海陸の裁判を司られました。のち巳（明治二年）四月、瓦解のとき二股というところに出陣し大勝利、そのほかに数回戦い、松前表街道ではたいした戦いもなく、ついに引き上げました。

同五月十一日、箱館が落ちるとき町はずれの一本木関門で、諸隊の指揮をとっていた土方がついにここで戦死し、誠にもって残念なことでした。私はいまだに無事でおり、なんの面目がありましょうか。今日に至り、にわかに籠城の軍儀が決まりいずれ討死の覚悟です。ついては立川主税は終始付き添っていましたので、城内を秘かに脱出させて、御宅へ右の（土方隊長の）くわしい事情をお話いたすように頼む考えでいます。いずれ御宅へ寄せていただきますので、そのように承知しておいて下さい。

右に認めた文面は、城内切迫中で取り紛れ乱筆でお許し下さい。まずはお知らせの

ため、別に貴意を得たいと思います。このようなことです。恐惶謹言

安富才介

正儀（花押）

五月十二日

土方隼人様（歳三の兄）

なおのこと努めてご自愛なされ、かつお目にかかりも致しませんが御家族様の皆様へよろしくお伝えください。

隊長討死せられければ

早き瀬に　力足らぬか　下り鮎

五月十一日朝四ツ時（午前十時ごろ）

一本木鶴岡町

土方討死

附添

松平春嶽《まつだいらしゅんがく》

元越前藩主・第十六代（一八二八〜一八九〇）

父は田安家三代徳川斉匡《なりまさ》で、その六男。春嶽は元服時の雅号で、これを通称とした。諱は慶永《よしなが》といった。十一歳の時、将軍家慶の命で越前藩主（第十五代）松平斉善《なりさわ》の養嗣となり、三十二万石の藩主となった。謹厳実直で名君とよばれた。人材登用で中根雪江、鈴木主税《ちから》、村田氏寿《うじひさ》、橋本左内ら優秀な人物を登用し、政治顧問に熊本の横井小楠を招聘し藩政改革や幕政改革に着手した。

藩校明道館を創設し、洋書習学所、種痘館《しゅとうかん》などを設立した。近代兵制を改革し西洋砲術や、銃陣調練、大砲小銃を製造した。ペリー来航後は海防の整備を幕府に訴えた。将軍継嗣問題では一橋慶喜を擁立したため、井伊大老と対峙することになった。安政条約無断調印に反対し不時登城（決められた日以外に入城すること）したことにより隠居謹慎させられ、三十一歳の若さで藩主の地位をなくした。井伊大老が暗殺され、公武合体が主流となり謹慎は解かれた。

文久二年（一八六二）七月、政事総裁職に就任し松平容保を京都守護職にさせた。将軍後見職の一橋慶喜と力をあわせ朝幕間の調整に奔走したが、すでに幕府崩壊の兆しがあり大政奉還を視野に取りまとめた。

春嶽は幕末四賢侯《しけんこう》（活躍した大名）の一人として、将軍慶喜を最後まで擁護し、徳川家の救解に奔走した。維新後はもっぱら、幕末の逸話や人物評などを描いた「逸事史補《いつじしほ》」の著述に二十年間専念した。行年六十三歳。

手紙は、土佐の坂本龍馬が京都の近江屋で何者かに暗殺された件について書かれている。当時は新選組説が有力だったが、春嶽は「芋藩」つまり黒幕に薩摩藩が暗躍していたとの情報を国許に伝えていた。薩摩と長州は武力討幕論に終始していたが、龍馬が大政奉還による倒幕に切り替えたことにより、薩摩らの復讐と考えていたのだろう。史実は幕府見廻組による犯行であったことが、ほぼ確定している。

33 才谷梅太郎外《ほか》一人殺害

松平春嶽から松平茂昭宛／慶応三年（一八六七）十一月十六日

◇手紙解説

慶応三年（一八六七）十月三十日、龍馬は越前福井で三岡八郎（由利公正、一八二九〜一九〇九）と新政府樹立の財政問題を話し合い、京都に戻り十一月十日、将軍徳川慶喜の側近である永井玄蕃頭尚志《げんばのかみなおゆき》（なおむねとも読む）と会談していた。十五日、龍馬と中岡慎太郎が京都の近江屋の一室で暗殺された。

松平春嶽は京都にいて藩主（第十七代）の松平茂昭《もちあき》にめまぐるしい政局を伝えているなかで、龍馬暗殺について薩摩の動向があやしいと判断し、犯人もわかったといい、暗殺者もほぼ見当がついているという風聞があるという。龍馬暗殺の翌日の情報としては興味をおぼえる。土佐藩参政の福岡藤次に犯人の件を尋ねたが知らないという。福岡と話をすすめていると、薩摩藩の陰謀は崩れ武力討幕はなくなったようだ。

土佐藩の尽力で永井と相談して大政奉還した。春嶽が藩士の中根雪江に聞くと、慶喜の英断はいうまでもなく、すべての心づもりがあるようで一つずつすべて書くことができないとし、また大政奉還とおもわれる件について松山藩主板倉勝静《いたくらかつきよ》へ直書をもって問い合わせているが返答もありません、としている。

時期的には大政奉還を朝廷に奏上したが保留のままのころであった。そこで薩摩藩主島津《しまづ》忠義《ただよし》が慶喜の大政奉還の内容を回覧すべきといっていたのだろうか、これに対し越前藩の中根雪江と酒井十之丞は忠義としっくりいかなかったようで、最近になってやっとわだかまりもなくなったようですと伝えている。

宛先の藩主松平茂昭は春嶽の養子で、春嶽の手紙の中でも一級の史料といえる。

■手紙文

（略）○修理大夫《しゅりだいぶ》十三日国許発、十九日摂海へ下碇、昨日吉井幸助より青小へ報告あり、今夕土藩福岡藤次へ承り候処、後象容兄へ上京を促しに帰土、多分遠からず容上京相成るべしとの事也、昨十五日夜土藩才谷梅太郎外《ほか》一人殺害せられたり、殺人者分かり居り候趣ながら藤次も申し聞かさず候、段々藤次の咄承り候処、この度土藩尽力により芋藩の姦策すでに破れたる形勢なり、土の尽力感ずべし、永参政と土人と始終相談これ有り候趣、昨夜雪江永介堂へ段々承り候処、樹公頗る御英断は申すに及ばず、始終の御心算これ有り候趣一々筆頭に能《あた》わず候、明日は登営の積り板閣へ直書を以て問い合わせ置き候、未だ返答来らず候、多分登城相成るべく候、昨日修理御所仮建てへまかり出で候、御渡しの書付修より廻すべく候故、廻さず候事、御内々ながら修理と雪江・十とは相替らず模様にて、今年度とは少しよろしき塩梅也（略）

十一月十六日　　　　大蔵大輔

越前守様

■訳文

（略）〇修理大夫《しゅりだいぶ》（薩摩藩主島津忠義）十三日、薩摩を出発し、十九日大坂に碇を下ろし、昨日吉井幸助より青山小三郎（越前藩士）へ報告があり、今夕に土佐藩参政の福岡藤次へ聞きましたところ、土佐藩参政の後藤象次（二）郎は老公の山内容堂へ上京を促しに土佐に帰りました。多分、容堂公は近々の上京となることでしょう。

昨日十五日の夜に土佐藩の才谷梅太郎（坂本龍馬）ほか一人が殺害されました。犯人もわかっているそうですが福岡藤次は聞いていないそうです。だんだん福岡の話を聞いてみると、このたびの土佐藩の尽力によって芋藩（薩摩藩）の悪いたくらみはすでに敗れた形勢です。土佐藩の尽力に心を動かされました。若年寄の永井玄蕃と土佐藩士とすべてに相談したようで、昨夜は（越前藩士の）中根雪江にだんだん聞いたところ将軍徳川慶喜の大いなる英断はいうまでもなく、すべての心づもりがあるようで、一つずつすべて書くことができません。

明日は部隊の営所にいる予定で板倉勝静閣老へ直書をもって問い合わせおきました。いまだに返答はきておりません。おそらく登城することになると思います。昨日修理は仮建ての御所へ出かけました。御渡しの書付は修理よりまわすとのことですので、こちらではまわしませんでした。内々のことながら修理と（中根）雪江と（酒井）十之丞とは相変わらずの様子ですが、最近は程よくうまくいっているようです。（略）

十一月十六日　　　大蔵大輔（松平春嶽）

越前守（松平茂昭）様

西《さい》郷《ごう》隆《たか》盛《もり》

薩摩藩士（一八二八～一八七七）

薩摩藩士の西郷吉兵衛の長男に生まれた。名は隆永、のち隆盛。通称は吉之介など。雅号は南洲といい、変名は菊池源吾、大島三右衛門と称した。父は下級武士で生活は貧しかった。西郷は十八歳で郡方書役助を務め家計を助ける一方、貧困にあえぐ農民の姿をみた。同志の大久保利通、海江田信義らと陽明学を学び、西郷は特に無参禅師《むさんぜんじ》につき禅を修行した。

安政元年（一八五四）、藩主島津斉彬に従い江戸に出て庭方役となり信任を得た。積極的に水戸の藤田東湖、越前の橋本左内と親交をもち国事を論じあった。藩主斉彬の密命を受け、将軍継嗣問題で一橋慶喜（徳川慶喜）を擁立するため、京都と江戸を奔走した。だが、井伊直弼が大老に就任すると政局は一変。井伊は、安政条約に調印し、将軍継嗣では、血縁のある紀州の徳川慶福《よしとみ》（家茂）に決め、頭脳明断な慶喜を退けた。さらに強権政治を断行し、反対派を封じ込める安政大獄をおこなった。

信頼されていた藩主斉彬が病死、絶望的になり西郷も殉死を考えた。そこへ京都の勤王僧月照《げっしょう》が幕吏に追われ薩摩にくるが、藩は庇護しようとせず、西郷と月照は錦江湾《きんこうわん》（鹿児島湾）に身を投じた。西郷だけが蘇生し大島に流罪、三年後に復帰するが国父と呼ばれていた島津久光に嫌われ、徳之島へ流され、さらに沖永良部《おきのえらぶ》島へ流された。

元治元年（一八六四）二月、赦免され、三月上京して軍賦役となり禁門の変、第一次幕長戦争で活躍した。龍馬らの周旋で薩長同盟締結させ、武力討幕の道を模索し、大政奉還、王政復古に尽力した。鳥羽伏見の戦いに勝利し戊辰戦争では大総督府参謀となって、旧幕府の勝海舟と江戸城を無血開城させた。維新の功労者となったが、征韓論に敗れ下野した。西南戦争では私学校党の連中にかつがれて敗走後、城山で自刃した。行年五十一歳。

人望が厚く、涙もろく、多くの日本人に愛された。次の手紙も同姓の西郷を名乗るよしみからの嘆願とみてよい。

34 首謀者処分

西郷隆盛から西郷頼母《たのも》宛／明治四年（一八七一）二月三日

◇手紙解説

西郷頼母（一八三〇〜一九〇三）は会津藩の家老。西郷同士の親交があったとしたら祖先が肥後熊本の関係かもしれない。もう一通不明の封筒が東京某家に伝わっていた。

「ノシ　金札弐拾両　斗南藩邸　西郷頼母様　西郷吉之助」

かりにこの封筒の中身がこの手紙であったと推測すれば明治三年（一八七〇）四月、新政府転覆を企てた雲井龍雄《くもいたつお》事件の処理とおもわれる。

頼母の実弟の山田陽次郎ら会津人七名が連座し七月四日、陽次郎は日光今市で捕縛されていることから、実弟の救済を嘆願したのではないか。十二月二十六日、判決で陽次郎は准流《じゅんる》十年の刑であったが、他の者はほとんど斬首と獄死し救済できなかった。封筒と手紙が一致するとなれば明治四年二月三日となり、西郷隆盛が薩長土三藩による親兵《しんぺい》問題で東京へ来てから投函したのだろうか。

ないしは西郷頼母が会津戦争後に西郷隆盛へ戦後処理に嘆願を依頼したのかもしれない。そうすれば封筒は別のもの、斗南《となみ》藩で藩主松平容大《かたはる》をもってお家再興するために困窮する内情を訴え借財した金札二十両である可能性がある。それにしても東西の巨頭の親交があった事実にはおどろかされる。

■手紙文

芳翰拝見仕り候、陳べるは御申し遣わし候の一条都合よく相運び候に付き、御安堵なさるべく候、首謀者処分は実方仕り居り候、いかが相成り申すべき哉、万事天命と定むるより外ござ無く候、この分取り敢えず御内答迄此の如くにござ候、尚拝眉詳《しょう》悉《しっ》仕るべく候、敬言

二月三日　西郷吉之助

西郷頼母様

■訳文

貴殿の手紙を拝見致しました。申し述べますと申しつかわされた一件は都合よくことが運びましたのでご安心ください。首謀者に対する処分は実方が担当しています。いかがなりますか。万事天命と定めるほかございません。このこととりあえずこのようにお答えしておきます。お会いした時に詳しくお話し致します。敬言

二月三日　西郷吉之助（隆盛）

西郷頼母様（会津藩家老）

35 桐野氏も相見《あいまみ》え

西郷隆盛から別府晋介宛／明治十年（一八七七）五月十四日

◇手紙解説

この手紙は西郷隆盛全集にも未収である。

　五月とあるが、二月の誤記ではないだろうか。二月七日、大山巌《いわお》県令を私学校に招き会談し、このとき大山に衆徒を率い東上することを告げ、さらに十二日、大山に陸軍少将の桐《きり》野利秋《のとしあき》（薩摩藩士、一八三八〜一八七七）と篠原国幹《くにもと》（同、一八三七〜一八七七）との連名で新政府へ尋問のため上京することを公文で届けでた。西南戦争で二月十四日、西郷軍先鋒隊の別府（晋介、一八四七〜一八七七）が統率して加治木（鹿児島）へ二千の兵をもって進発した。十五日、西郷の公式文書が熊本鎮台に提出されたが戦争に突入したため取り下げられた。三月四日、篠原は戦死。九月二十四日、城山で別府が西郷を介錯、桐野も自刃した。このとき従僕が、西郷の首がさらされるのを懸念して密に持ち去ったため検視に手間取ったという。

■手紙文

　只今桐野氏も相見え、この度上京の儀に付き御相談申したく候間、御光栄来たり下されたく、出立以前に於いて御打ち合わせ申したき候儀は、昨日篠原氏にも申し談じ置き居り候間、左様御承知下されたく、委細御面会にこれ在り、早々不悉

五月十四日　　西郷吉之助

別府新助様

■訳文

ただいま桐野利秋氏もこられ、このたび上京の件でご相談したいことがあり、ご来訪いただきたく、旅立つ前において打合せしておきたいことは、昨日、篠原国幹氏にも話しておきましたので、そのようにご承知ください。くわしいことはお会いしたときにします。早々不悉

五月十四日　　西郷吉之助（隆盛）

別府新助（晋介）様

山県《やまがた》有朋《ありとも》

長州藩士（一八三八〜一九二二）

父は長州藩蔵元付中間の山県三郎有稔《ありとし》。幼名は辰之助、小助、狂介といい、雅号は素狂、含雪、椿山荘主、無隣庵主と称した。十三歳で蔵元付打廻手子、明倫館手子役、目付横目役となった。藩命で上洛し尊攘派の志士と親交し影響を受けた。久坂玄瑞の紹介で松下村塾に入門した。

文久三年（一八六三）一月、士雇《さむらいやとい》（士分の扱い）に準ぜられた。十二月には高杉晋作が結成した奇兵隊に加わった。四カ国連合艦隊との戦いに参戦し負傷した。この戦いを教訓に兵制改革の強化をすべきと考え、攘夷論を見切り開国論に転じた。慶応元年（一八六五）俗論党との戦いに勝利し藩論を統一、第二次幕長戦争では小倉地方を転戦した。同三年、上洛し薩摩の西郷隆盛、大久保利通と密議し討幕をすることになった。戊辰戦争では、北陸道鎮撫総督兼会津征討総督の参謀となり、長岡藩家臣河井継之助を長岡攻防で落城させ、会津戦争でも勝利した。戦功で賞典禄六百石を与えられた。

明治二年（一八六九）渡欧し兵制の近代化の調査に取組み、フランス式に統一することを決め、御親兵設置、廃藩置県、国民皆兵に尽力した。初代の陸軍卿となり、西南戦争では、征討参軍して政府軍を指揮し勝利した。のち陸軍大将、内閣総理大臣となった。行年八十五歳。

大村益次郎のもとで軍政を担当することになり、戊辰戦争の経験から日本の軍制改革に着手し、西南戦争でも的確な指揮をした。

36 弾薬を日々費やす

山県有朋から野津鎮雄《のづしずお》、大山巌宛／明治十年（一八七七）三月二十一日

◇手紙解説

明治十年三月一日、政府軍の大山少将は四箇大隊を率い博多に着いた。翌日、山県率いる

隊も高瀬に到着した。四日、田原坂の攻撃が開始、両軍の白兵戦《はくへいせん》となると戦闘がこう着状態となり、山県は警察の抜刀《ばっとう》の実力に注目し、剣術に優れた者の投入を決定した。

警視隊の剣術の優秀な者から抜刀隊を編成し、本格的に主力部隊にさせようとした。十八日、警視隊の佐川官兵衛は旧会津藩士で善戦したが戦死した（一説には佐川は抜刀隊士でないともいう）。二十日、ついに政府軍は田原坂を制圧したが七百万発の弾薬を消費していた。山県は総攻撃にあたり武器弾薬の見直しを図り一気に市内の鎮圧を決断していた。山県はこのように軍神の名をほしいままにした。川路は「撃剣再興論」を著し、警察が正式に剣道を導入するきっかけになった。

■手紙文

（前文欠）弾薬を日々費やす事、実に以て夥多《かた》にこれ有り候、これまた昼夜の激戦致し方これ無く候えども、昨今迄に七百有余万発を費やし候、素より攻撃或いは夜中襲来の防ぎ方にも対塁の節は一弾を惜しみ、一軍の士気に関係候ては相済まず事にて、仮令《たとえ》幾万とも差繰り候て繰り出し候は申す迄もこれ無く、自然昼間対塁等の時、又は要地等に依り候ときは打ち方申す処、この上ながら注意致さずでは些か懸念致し候間、両賢台《けんだい》の御含みまでに申し上げ置き候、無論これ迄御疎無き事は生も承知致し居り候えども、この先戦の模様によりては、猶懸念致し候ゆえ申し陳べ候事に候、且つ弾薬の事は東京へも申し遣わし置き候間、強いて御懸念下さるまじく候、拝草

三月廿一日　午前十一字（時）　山県朋

■訳文

（前文欠）（西南戦争で）弾薬を毎日消費することは、誠にもっておびただしい多さです。これまた昼夜の激戦でいたしかたありませんが、近頃までに七百万発余りを使いました。もとより攻撃あるいは夜中の襲来の防ぎ方にも、戦場で敵と対陣するときは一発を惜しみ一軍の士気にも関わっては大変なことで、たとえ幾万とも都合をつけて次々に送りだすのはいうまでもなく、自然昼間に敵と対陣するとき、または防衛上の要地などによっては、打ち方にいうのは、さらに注意していなければ、いささか懸念する事態になるので、両賢台へお含み下さるよう申し上げます。むろんこれまで疎かにしたことがないことは私も承知しておりますが、この先の戦いの模様によってはな

お心配ですので申し述べる事です。且つ弾薬のことは東京へも申しておきましたので、強いて心配しないで下さい。拝草

三月二十一日　午前十一時　山県朋（有朋）

37 新撰旅団は当分高鍋に止め置き

山県有朋から三好重臣《しげおみ》宛／明治十年（一八七七）八月二日

◇手紙解説

三好は長州藩士で山県と同じ奇兵隊である。西南戦争では政府軍第二旅団長として参戦し、陸軍少大将、中将、第一師団長となった実力者である。政府軍は七月二十四日都城を占領、三十一日宮崎佐土原を落とし、八月二日高鍋を占領した。山県の作戦がことごとく的中し勝利したのは、三好のような人材に恵まれたからである。とくに長州閥といわれるぐらい陸軍に人脈をもっていた。西南戦争はそれを物語っている。

山県が晩年に西郷について「実にこの人があったために、薩長連合はじめ維新前後の仕事がどんなにやりやすかったかわからぬ。誠に一種の大人物であった」と人となりを高く評した。

■手紙文

（略）猶新撰旅団は当分高鍋に止め置き申すべし、追って何分の指令これ有るべく高鍋より先に御進軍御同賀この事に候、二時賊徒高鍋より距纔《わずか》に十余丁ヲマル川（小丸川ヵ）を隔て対塁の趣、就いては一層御神（心）配不安と想像致し候、第三旅団より一手は第二旅団の全軍出張の上は引き揚げ候ても然るべく様洞致し、既に今日仰せ越され下さるべく候、猶配兵の部署等にて御考えもこれ有るべくと存じ候、豊後 旁《かたがた》 申し進め候、重ねて賊情御報知相成りたく、そのため　拝頓首

佐土原　　山県朋

八月二日午後八時過

三好少将殿に

■訳文

（略）なお新撰旅団は当分の間は高鍋（宮崎）に留め置くこと。追って何かの指令がありましたら、高鍋より先に進軍する事は私にとっても同じように喜ばしい事です。二時に賊徒（西郷軍）は高鍋より距離わずか十余丁（約一キロ）ヲマル川（小丸川か）を隔て対陣する様子、ついては一層の心配と不安があると想像いたします。

第三旅団より一手は、第二旅団の全軍出張の上は引きあげる時を適切に判断し、すでに今日、命令を下さるはずです。なお配兵の部署などにてお考えもあるとおもいます。豊後があれこれお話しするでしょう。かさねて賊（西郷軍）の情報をお知らせ下されたくそのため　拝頓首

佐土原　山県有朋

八月二日午後八時過ぎ

三好少将殿に

楫《か》取《とり》素《もと》彦《ひこ》

長州藩士（一八二九～一九一二）

長州藩侍医松島瑞璠誠成の次男として生まれる。儒者の小田村吉平の養子となり、小田村伊之助、のち素太郎となった。雅号は耕堂、不如帰、棋山と称した。藩校明倫館に学び、江戸遊学で安積艮斎に入門し、のち帰藩して明倫館助教となる。

一時、藩では恭順派が牛耳ったため捕われたが、慶応元年（一八六五）藩論が回復し放免となった。第二次幕長戦争前には家老に随行、藩の姿勢を問う幕吏との対応役となるも交流は長引き、翌年五月に宍戸《しし ど》璣《たまき》（山県半蔵）と拘留された。藩主毛利敬親の信任厚く、藩の楫《かじ》取り役になれといわれ、慶応三年（一八六七）九月に楫取素彦と改名した。

薩摩と武力討幕で統一戦線をはり、鳥羽伏見の戦いで勝利した。維新後は熊谷・群馬県令となり、日本初の富岡製糸場など近代化を導入し殖産興業に尽力した。宮中顧問官、貴族院議員を歴任し、三田尻の自邸で病死した。楫取は、藩主毛利敬親の密命を受け、藩の周旋役を務め、薩摩と長州の同盟の、陰の立役者でもあった。藩内の事情を知り尽くしている人物だけに人望も厚く、松陰亡き後の志を受継いだ。行年八十四歳。

38 坂本氏直話御聞取りに

楫取素彦から木戸孝允宛／慶応元年（一八六五）十月五日

◇手紙解説

慶応元年（一八六五）十月三日、龍馬は長州藩士の楫取（小田村）と三田尻で出会い、一緒に山口に入る薩摩藩の西郷隆盛の意向で、薩摩藩のために兵糧米買い入れの斡旋をたのまれた。そこで長州の代表である木戸孝允（桂小五郎）と下関で同二十一日に会談をもった。龍馬がいうのには、西郷は幕府の長州再征の勅を請う妨害を試みたが、勅命が下ったからには、もう出兵するより道がない。京都に他藩の者を入れ、幕府の考えを阻止しようと考えている。天皇に逆らうことは避けたい。兵士に食べさせる兵糧米が足りないので、兵糧米の供給を求めている薩摩藩の内情を木戸に告げた。これを機に薩長連合を実現するには、木戸にまず上京を進めた。龍馬の命により近藤長次郎が、薩摩名義でグラバー商会から購入したユニオン号に乗ってくるのを、龍馬は下関で待っていた。薩摩と長州は犬猿の仲であったが、龍馬は武器取引をからめ、両藩のわだかまりを解き、翌慶応二年に薩長同盟を締結させた。

この同盟の際、楫取が木戸に周旋したことは一般に知られていない。楫取は藩校明倫館教授で吉田松陰と親交があり、松陰の妹寿《ひさ》を妻に迎えた。素彦二十五歳、寿十五歳だった。

二〇一五年NHK大河ドラマ「花燃ゆ」の主人公にもなった松陰の妹文は、松陰門下久坂玄瑞の妻となるが、久坂が禁門の変で戦死した。文の姉寿が維新後に病死したため、妹文は楫取の後妻になった。

■手紙文

過日は宮市迄御手帳相贈られ候、即ち高意を体し備前人へ応対に及び、尚芸州へ立ち寄りの都合仕り置き候、然る処、去る三日坂本龍馬老兄を指し付け宮市迄来着、同人話頭重大の事件もこれ有り、野生一同山口迄連れ帰り、広沢・松原等引き合わせ候、扨《さ》て上国の模様浩歎《こうたん》（嘆）の到り、幕政虚焔を張り候は、今日に始まり候事にもこれ無く、珍しからず候えども、朝廷の御微力痛哭流涕《つうこくりゅうてい》の次第、坂本氏直話御聞取りに候えば、形の如く御仰天想像奉り候、尤もこの度の儀に付き、薩州よりは余程抗論に及び候様子、これより往きの手筈等件々これ有る哉に相聞こえ、西合（西郷ヵ）内含の義、広沢等領掌仕り居り候えば、野生共よりは格別に申し上げず候、只々非義の勅取り返しと申す義、いかにも差し急ぎ候方然るべく、この勅自然相行われ候上は、何分朝廷の御失徳を宇内《うだい》に暴露仕り候姿に相成り、恐れながら聖明の御威光にも疵附け候事故、薩にても存慮これ有る義に候わば、急速効を奉り候様、神州のため企望仕り候、（略）

十月初五日暁天　　　素太郎

木圭老台

侍史

■訳文

先日は宮市（山口）まで手帳を贈られました。すなわち敬意をもって備前人（岡山）と応対し、なお芸州（広島）に立ち寄りの都合をつけておきました。しかるところ去る三日の日に坂本龍馬老兄にいきなり宮市まで来てもらいました。同人の話のうちには重大な事件もあり、われわれと山口まで連れだって帰り、広沢真臣《さねおみ》（長州藩士）と松原らに引き合わせました。さて、上方の情勢は大いになげかわしき到りで幕政が虚栄を張るのは、今日にはじまったことではなく珍しくはないですが、朝廷の力が微力であることが嘆かわしく落涙する次第です。坂本氏から直接聞いた話に形のごとく仰天想像しました。もっとものこのたびのことについては、薩摩の論に対抗して相当自説を述べ、議論に及んだ様子です。これより往きの手筈などあれこれあるらしいと聞き、西郷の腹のうちは、広沢らは承知していますが、われらからは特別に申し上げません。ただただ道理に背く勅（天皇の御心）を取り返すということは、如何にも急ぎ過ぎのことは確かで、この勅が自然におこなわれた上は、何分にも朝廷が道徳にはずれたことを、天下に暴露するかたちとなり、恐れながら聡明な天皇の威光にも疵がつくことになりますから、薩摩藩も考えがあるならば迅速に、日本のためにも策を

たて、達成されることを望んでいます。（略）

十月初五日夜明け　（小田村）素太郎（楫取素彦）

木圭（桂小五郎の雅号）

侍史

39　館林表昨今の事情に付き

楫取素彦から岡谷繁実宛／明治十年（一八七七）三月二十七日ヵ

◇手紙解説

楫取はとにかく面倒見のよい人だった。宛先の岡谷は天保六年（一八三五）生まれの上野（群馬）館林藩士。江戸遊学し高島流砲術や昌平黌《しょうへいこう》で学んだ秀才だった。館林藩主秋元志朝《あきもとゆきとも》が長州藩毛利家と血縁関係で楫取と親交があった。この手紙も警察への就職斡旋依頼の返書であるが、一人でも優秀な人材を登用しようと考えていた。警察は、薩摩の川路利良が明治五年（一八七二）邏卒《らそつ》（警察官）総長に就任し、フランスの警察制度をモデルに明治七年警視庁を創設し初代大警視になった。

楫取は教育畑とあって、初代群馬県令になるや教員養成の暢発《ちょうはつ》学校の創設など文教政策を柱に地租改正など産業、土木と手腕を発揮した。藩政に深くかかわったことの所産であった。

楫取は初め小田村伊之助といい、松陰より二歳年少で、松陰とともに藩校明倫館の講師となり親交をもつようになった。その後、藩主毛利敬親の側近の御手廻組となり藩是である「朝廷への忠節、幕府への信義、親への孝道」を推進した。

長州は「破約攘夷」、幕府は「開国和親」と政争となり、東奔西走していた伊之助に累が及ぶのを案じ、敬親は改名を勧め、小田村素太郎と名乗ることとなった。慶応三年（一八六七）長州は薩摩と新政府樹立に向けて進み出すが、藩命で楫取素彦と名乗るようになったという。

■手紙文

稍《よう》く春暄《しゅんけん》相催し候処、弥《いよいよ》御裕奉賀に候、扨《さ》て過日は岡本伴七云々並びに館林表昨今の事情に付き、意見書添え御紙上指し廻され正に落手、岡本身上、前日御噂申し出で置き候次第もこれ有り、採録申したく候えども同人は警察適当候者ならん、然るに警部長新任署中人員節減の見込みも候故、目今その調査中にて急に採収は致し兼ね候様存ぜられ候、この段御差し含み居り下さるべく候、疾《と》く御答書相呈すべく筈に候えども県会開場中、かれこれ煩多遂に稽緩《けいかん》今日に到り候、悪しからず御諒恕下さるべく候、先ずは過日の御答迄、草々かくの如くに候　頓首

三月二十七日　　　楫取素彦

岡谷繁実様

侍史

■訳文

ようやく春の暖かさが感じられるようになりましたが、いよいよご壮健のことと存じます。さて過日は岡本伴七の件ならびに館林の近頃の情勢につき、意見書を添えた書面をまわされましたが、確かに入手しました。岡本の身上は、前日に噂を申し上げたいきさつもあり、取り上げて記録して置きたいのですが、この者は警察に向いてい

ると存じます。ところが警部長が新任署内の人員削減をする予定もあり、目下その調査中で早急の採用とは致しかねると存ぜられます、このことをお含みおき下さい。すぐにご返答書を差し上げる筈でしたが県議会の開催中で、いろいろ忙殺されてつい滞り、今日になりましたこと悪しからずお許し下さい。まずは先日の内容につきご返答まで。草々にこのような次第です。頓首

三月二十七日　　　楫取素彦

岡谷繁実様

侍史

三井高福《みついたかよし》

三井家当主（一八〇八～一八八五）

豪商三井高就《たかなり》の長男として京都・油小路《あぶらのこうじ》夷川《えびすがわ》に生まれた。屋号は京都越後屋で小さい頃から江戸の店で修業し、三十歳で家督相続し十三代目八郎右衛門を襲名した。安政の御所造営に銀百五十貫目を献上し朝廷側とも巧みに商いをつなげた。王政復古後は会計局金穀出納《きんこくすいとう》の用達を務め、鳥羽伏見の戦いには新政府軍に軍資金を献上した。

明治元年（一八六八）、京都府から掛屋頭取、商法司元締頭取に任じられた。その後、通商司為替会社、貿易商社、開墾会社、北海道産物掛の総頭取を命じられた。三井財閥の基礎を確立した。商いの先見性に富み、時流に乗り遅れないよう月例会を開き、堅実な金銭管理を徹底し、終生それを貫き通した。行年七十八歳。

40 月並寄会の節、伺書差し出し候よし

三井高福から三井高朗《たかあき》宛／明治十八年(一八八五)八月十二日

◇手紙解説

豪商三井家は祖の三井高利を初代として、総本家を一家、本家を五家、連家を五家の十一家で構成した。屋号は越後屋のち三越となった。江戸で現金掛値無しでの商いをして財をなし、京都に移り住み、斬新な経営方針を打ち出し同業者から締め出されたこともしばしばあった。

江戸時代は両替商と呉服商の二本で豪商の地位を確立したが、政商の道を歩み新政府の御用金の供出で営業不振となった。

総本家の三井高福は、三野村利左衛門《みのむらりざえもん》を抜擢して三井改革を断行、三井家の財産は三井総本家のものでなく同族の共有財産とした。

明治九年（一八七六）、三井銀行を設立した。初代総長に高福が就任したが、三野村に経営全般をまかせた。三野村が病没するや三井家の資産は総本家のものと高福が主張しだした。

出水《いでみず》家の第七代当主の三井三郎助高喜《さぶろうすけたかよし》は、この意見に反対し月例会にも顔をださなかった。

明治十八年、高福の長男高朗《たかみね》を東京に呼びよせ、三井家重役の今井友五郎と改革案について月例会を頻繁に開き協議させた。この手紙もそれを裏づけるものである。

高福は京都にいて月例会の報告をさせ、三井組大元方の規則改革案を至急つくるよう指示している。このころ高福はすでに病に倒れふせっており、年末に亡くなった。行年七十八歳。

書面では、三井銀行の資本金は二百万円のうち百万円が三井組大元方の株金で五十万円が三井家同族のものであったが、高福はこの株金の率に反対にして百万円を三井家のものと主張した。

■手紙文

（略）月並寄会の節、伺《うかがい》書差し出し候よし、出水不快出勤これ無く、友五郎参るべくよし承知致し候、猶別紙内覧申し候、何分大元方の規則相定め候のみ差し急ぎ居り候、株金の儀は表立ち申さず様致したく、この義は兼ねて申し居り候廉《かど》これ有り、帰西の上申し聞くべく候、一日も早く大元方これを示し、並びに取扱方等行き届き、規則相立て申したき事に候、如才これ無し、万事宜しく頼み申すべく候、尚様子柄申し越し給うべく候、猶時候折角御厭いこれ有るべく候、頓首

八月十二日

高福

高朗子

■訳文

（略）月例会のおり伺書を提出したよし、出水家（三井本家の一家の三井高喜）は不快のため出席せず、今井友五郎（三井家重役）は出席すること承知しました。なお、別紙を内々にみました。何分、大元方の規則を定めたい、これのみ急いでおります。

株金（三井銀行資本金）は表立たないよう致したく、このことはかねて申しているように理由があります。京都に帰ったら話すことにします。一日も早く大元方の手本、並びに取扱方なども行き届くよう規則を定めたいとおもいます。

手ぬかりなく、万事よろしくお願い申し上げます。様子など手紙でおしらせ下さい。なお、季節柄、お身をおいたわり下さい。頓首

（明治十八年）八月十二日

（三井）高福

高朗子（三井高朗）

山《やま》尾《お》庸《よう》三《ぞう》

長州藩士（一八三七～一九一七）

山尾忠治郎の次男として周防国吉敷郡に生まれた。変名を山尾要蔵と称した。幕府の外国奉行所御用金用達を命ぜられ、横浜開港とともに貿易事業のため三井横浜店を開設したが、経営は不振となり三野村利左衛門を支配人とした。

文久元年（一八六一）、桂路祐《みちすけ》（右衛門）と幕府亀田丸の船将北岡健三郎に従いロシアのアムール地方に行く。文久二年十一月、江戸で高杉晋作らと横浜居留地襲撃事件を計画し血盟した。翌月には品川の御殿山の英国公使館焼き討ち攘夷を決行した。文久三年、伊藤博文、井上馨、井上勝、遠藤謹助らとイギリスへ密航留学した。山尾はとくに工業を研究し、明治三年（一八七〇）帰国した。

横須賀製鉄所事務取扱となり、工部権大丞、工部大輔、工部卿、有栖川宮と北白川宮の各別当の要職を歴任した。東京大学工学部の前身である工学寮を創設している。
趣味の文墨や金魚を愛し余生をおくった。何事も興味を示すととことん研究する性格で、人望が厚くまわりからも慕われた。行年八十一歳。

41 御参邸相成り

山尾庸三からポルトガル公使宛／明治二十三年(一八九一)四月十一日

◇手紙解説

明治二十三年五月二十六日、東京霞が関の有栖川宮邸で熾仁《たるひと》親王園遊会が催されることになった。この宮邸の二階建て洋館は明治十七年、ジョサイア・コンドル設計により完成し、もっぱら外国使節の接待施設として使われた。

ここで開かれる園遊会通知状が出されることを知ったポルトガル公使のレイロは、この日は都合が悪く特別に熾仁親王と妃殿下への拝謁を山尾に頼み込んだのだろう。レイロは上海から、慶応元年（一八六六）、長崎に来日、長崎領事館に勤務のかたわら商人として武器や茶の商売をしていた。この時、長州藩の伊藤博文、井上馨が長崎での武器買い付けで接触があったのだろう。山尾は伊藤らと英国留学の長州ファイブ（長州五傑）のひとりであった。

レイロは明治二十一年に東京に移り住み二十五年に帰国している。

■手紙文

謹啓　去る二十日御参邸の節、御伺いに相成り候公使並びに令夫人・令嬢等、両殿下に拝謁の義相伺い候処、来る二十三日午後二時御差し支えこれ無く間、御参邸相成りたく、この段両殿下の命により是の如くござ候、　敬具

四月二十一日

有栖川宮別当　子爵山尾庸三

葡萄牙《ポルトガル》国公使

ジョーゼダンシルブァルー・レイロ

貴下

■訳文

謹啓　去る二十日に有栖川宮邸に来られました時、招待された公使、令夫人、令嬢等が、熾仁親王殿下、妃殿下にお目にかかりたい旨、ご相談しましたところ来る二十三日午後二時でしたら差支えないとのことで、ご訪問くださいと、両殿下の命を受け、この通りです。　敬具

四月二十一日

有栖川宮別当　子爵山尾庸三

ポルトガル公使

ジョーゼダンシルブァルー・レイロ様

【主要参考文献】

○手紙文等

一坂太郎『高杉晋作の手紙』（新人物往来社、一九九二年）
大塚武松編『楫取家文書　第一』（日本史籍協会、一九三一年）
小川常人編『真木和泉守全集』（水天宮、一九九八年）
菊地明編『土方歳三、沖田総司全書簡集』（新人物往来社、一九九五年）
菊地明、伊東成郎、山村竜也編『新選組日誌（上・下）』（KADOKAWA〈新人物文庫〉、二〇一三年）
木戸公伝記編纂所編『木戸孝允文書　第一』（日本史籍協会、一九二九年）
木村武仁『図解で迫る西郷隆盛』（淡交社、二〇〇八年）
小松緑編『伊藤公全集』（昭和出版社、一九二八年）

西郷隆盛全集編集委員会『西郷隆盛全集』（大和書房、一九八〇年）
新人物往来社編『新撰組史料集』（新人物往来社、一九九三年）
妻木忠太『久坂玄瑞遺文集』（泰山房、一九四四年）
東行先生五十年祭記念会編『東行先生遺文』（民友社、一九一六年）
日本歴史学会編『明治維新人名辞典』（吉川弘文館、一九八一年）
伴五十嗣郎編『松平春嶽未公刊書簡集』（思文閣出版、一九九一年）
平凡社教育産業センター企画編集『書の日本史　第七巻（幕末維新）』（平凡社、一九七五年）
宮地佐一郎編『坂本龍馬全集』（光風社出版、一九七八年）
宮地佐一郎編『中岡慎太郎全集』（勁草書房、一九九一年）
山口県教育会編『吉田松陰全集』（岩波書店、一九三四年）

○木村幸比古著

『新選組局長近藤勇——士道に殉じたその実像』（淡交社、二〇〇三年）

『新選組と沖田総司——「誠」とは剣を極めることなり』（PHP新書、二〇〇二年）

『新選組日記——永倉新八日記・島田魁日記を読む』（PHP新書、二〇〇三年）

『史伝　土方歳三』（学習研究社〈学研M文庫〉、二〇〇一年）

『吉田松陰の実学——世界を見据えた大和魂』（PHP新書、二〇〇五年）

『龍馬語録——自由闊達に生きる』（PHP研究所、二〇〇九年）

おわりに

日本の紙文化は世界でも稀なるものである。過去と現代を文字という伝達方法で繋げる手紙は、先人たちからの英知のメッセージである。激動の幕末を生き抜いた者は、いわば時代の寵児であり、先見性をもって日本から世界をみていた。黒船来航から諸外国との戦い内戦と近代日本への変貌する陣痛のような苦しみの中で「御一新」つまり維新をなしえた。

その時、何を考え、おもい悩み、決断したのか、同志を失い、家族と離別し後ろ髪を引かれるおもいで伝えようとしたものは何か。手紙の言葉の中に隠された心情は、時として相手としか理解できない内容もある。

自分の心情を手紙で訴え、東奔西走する志士のおもいには、熱い情熱がくみ取れる。けっして強い者が生き残れる時代ではなかった。生きたいとおもいをつのらせ挑戦しつづける志がなければ生き残れなかった。時代が人を育て、成長させ一まわりも二まわりも大きくなり、決断力を身につけ一流の日本人が育った。

手紙の中の文字に感動し、励まされ、実践し、ときには涙した。なんど読んでもあきない文章、気取らなく素直に心に響く言霊を心情に、その志が高邁《こうまい》ならば自ら死しても受け継いでくれる者が必ずいる。かりにその時代に受け継がれなくても至誠があれば、貫徹できる日が到来する。

龍馬は「日本を今一度せんたく（洗濯）いたし申し候」と日本の刷新を願い、薩摩と長州という大藩を軸に西南雄藩をまとめあげ、同志と共に土佐海援隊という商業隊を結成し異彩をはなった。

西郷の「命もいらず、名もいらず、官位も金もいらぬ人は、始末に困るもの也」といわれるほどの清廉潔白な純真な人柄を庄内藩士は慕った。いまだ人気の衰えることない人物の手紙も味わい深い。英傑といわれた西郷、木戸、大久保は一流の政治家である。

新選組のように立場は違えども、誠一筋に徳川幕府に忠誠を尽くした、近藤、土方、沖田に男の美学を感じる女性ファンが多いのもうなずける。

本書に取り上げた手紙はごく一部であるが、それぞれのおもいを馳せ懸命に筆を走らせ、伝えようとする姿が目に浮かぶ。

筆を置くにあたり多くの手紙に触れることができ、幾多の変遷ですでに焼失、紛失され原本に時間の関係であたることができなかったことを残念におもった。だが幸いなことに先学の研究で内容が知り得たことに学恩を感じた。文書の整理、解読で小西典さん、編集に尽力頂いた教育評論社の小山香里さんに感謝申し上げる。

木村幸比古

〈著者略歴〉

木村幸比古（きむら・さちひこ）

1948年、京都市生まれ。幕末維新ミュージアム「霊山歴史館」副館長。國學院大學文学部卒（近世思想史）。

幕末維新史に関する評論を多数執筆。1991年、維新史の研究と博物館活動で文部大臣表彰、2001年、生涯学習推進で京都市教育功労者表彰を受ける。NHK大河ドラマ特別展「龍馬伝」「花燃ゆ」等の展示委員。

著書に、『図説吉田松陰——幕末維新の変革者たち』（河出書房新社）、『龍馬語録——自由闊達に生きる』（PHP研究所）、『新選組日記——永倉新八日記・島田魁日記を読む』（PHP新書）、『新選組局長近藤勇——士道に殉じたその実像』（淡交社）、ほか多数。

幕末志士の手紙

二〇一五年十月二十七日　初版第一刷発行

著　者　木村幸比古
発行者　阿部黄瀬
発行所　株式会社　教育評論社
〒一〇三－〇〇〇一
東京都中央区日本橋小伝馬町12－5　YSビル
TEL〇三－三六六四－五八五一
FAX〇三－三六六四－五八一六
http://www.kyohyo.co.jp

印刷製本　萩原印刷株式会社

定価はカバーに表示してあります。

落丁本・乱丁本はお取り替え致します。

ISBN 978-4-905706-96-0